たったの72パターンで こんなに話せる フランス語会話

CD BOOK

小林 知子／エリック・フィオー

明日香出版社

はじめに

「フランス語をもっと気軽に使いたい！」
「少なくとも、自分のことや気持ちはきちんと相手に伝えたい！」
「短い旅行の中で使える最低限の言い方だけ覚えておきたい！」

　こんなふうに、フランス語を学ぶ方の多くが感じていると思います。フランス語特有の発音やイントネーション、文法…。もちろんすべて大事なことですが、会話でもっと大事なことは、相手の顔を見て、自分の意思をしっかり伝えることです。

　この『たったの72パターンでこんなに話せるフランス語会話』では、フランス語でよく使われる『パターン』に注目しました。

　「～だと思うよ」「どうして～？」「～するようにしているよ」など、**会話でよく使われる『パターン』をまず覚えてしまいましょう。**その後はそのパターンに、**自分に関係のあることや関心のあること、気持ちを表す単語などを組み合わせて使うだけ！**　とっても簡単です。

　この『72パターン』シリーズの英会話版『たったの72パターンでこんなに話せる英会話』は、ベストセラーとなっています。それは、この『パターン』学習法が簡単で、かつ効果的だからだと思います。パターンを使った学習法は、英語以外の言語を学ぶ上でも共通して効果のあるものと言えるでしょう。

　本書の「これだけは！　絶対覚えたい重要パターン21」では、もっとも基本的な会話の『パターン』を学びます。各パターンの応用編では、否定形や疑問形なども丁寧に確認します。パターンを習得することによって、文法も自然に身につくようになっています。

「使える！　頻出パターン51」では、より会話の幅を広げるために、私たちが日常生活の上で頻繁に使う表現をバラエティ豊かに盛り込みました。

　各パターンの例文は、フランスへ行ったときでも、日本にいても使えるものばかりです。フレーズにはルビをふってありますので、CDを繰り返し聴いてまず耳を慣らしてください。次に、実際に発音して口を慣らしてください。ぜひ、ナレーションを務めるエリック先生の臨場感あるしゃべり方を真似してくださいね。

　文法のことばかり考えていると、細かいことが気になって、言いたいことも言えなくなってしまいます。フレーズを丸暗記するのにも、時間と根気が必要ですよね。そんな皆さんには、ぜひこの『パターン』習得を試してもらえたらと思います。話して、そして相手との意思疎通を通じて、その喜びが徐々に会話を楽しむ余裕へと変わるでしょう。
　まずはこの本のパターンを使って、どんどん話してみてください。そして、フランス語会話を楽しんでください！

2010年8月

小林　知子

◆CDの使い方◆

CDには、各フレーズが日本語→フランス語の順に収録されています。フランス語が実際にどのように話されているかを確認しながら聴いてください。
次に、発音やリズムをまねて、実際に言ってみましょう。
慣れてきたら、日本語の後に自分でフランス語を言ってみましょう。

出版によせて

　明日香出版社さんのおかげで、私の2冊目の本を出版することになりました。

　はじめに、共著の小林知子さんに感謝したいと思います。
　次に、『たったの72パターンでこんなに話せる英会話』著者の味園真紀さんにとても感謝しています。彼女のおかげで、本書を『たったの72パターンでこんなに話せる』シリーズとして出版することができました。
　最後に、編集担当の小野田さんにも感謝します。小野田さんはいつも応援してくれ、いいアドバイスをくれたので、とても助かりました。

　本書は、1人でフランス語を勉強して、話せるようになりたいと思っている方に、非常におすすめです。この本は、ただの会話の本ではありません。

　本書に載っている72の『パターン』と、わかりやすくまとめた文法説明を通じて、絶対に自分で文を作れるようになります。私はフランス語の先生として、"この本はただの「会話の本」ではない"こと、"この本で確実にフランス語が上達する"ことを保障します。

　フランス語を始めたい人、またフランス語の勉強をやり直したいという方は、ぜひ本書で勉強してみてください。

Bonne lecture !
Eric FIOR

Sommaire

フランス語・基本の基本！…9

Partie I

これだけは!!

絶対覚えたい重要パターン21

1 これは〜です／C'est 〜 …20
2 私は〜です①／Je suis 〜 …24
3 私は〜です②／J'ai 〜 …28
4 〜します／Je ＋一般動詞 …32
5 〜しています／Je suis en train de ＋動詞の原形 …36
6 〜すると思います／Je ＋動詞の単純未来形 …40
7 …からずっと〜しています／Je ＋動詞の現在形＋depuis … …44
8 〜しました／Je＋動詞の複合過去形 …48
9 〜したことがあります／Je ＋動詞の複合過去形＋déjà …54
10 〜できます／Je peux ＋動詞の原形 …58
11 〜しなければなりません①／Je dois ＋動詞の原形 …62
12 〜しなければなりません②／Il faut ＋動詞の原形 …66
13 〜したいです／Je veux ＋動詞の原形 …70
14 〜があります／Il y a 〜 …74
15 〜は何ですか？／Quel est 〜？ …78
16 どちらが〜？／Lequel est 〜？ …82
17 〜は誰？／Qui est 〜？ …86
18 〜はいつ？／Quand est 〜？ …90
19 〜はどこ？／Où est 〜？ …96
20 どうして〜？／Pourquoi 〜？ …100
21 どうやって〜？／Comment 〜？ …104

Partie II

使える！
頻出パターン51

22 〜をいただきたいのですが／Je voudrais 〜 …110
23 〜したいのですが／Je voudrais 〜 …112
24 〜してほしいな／Je veux que 〜 …114
25 〜はいかがですか？／Voudriez-vous 〜 ? …116
26 〜なさいませんか？／Voudriez-vous 〜 ? …118
27 〜したらどう？／Pourquoi ne pas 〜 ? …120
28 〜しよう！／〜 ons ! …122
29 〜だと思うよ／Je pense que 〜 …124
30 〜だといいな／J'espère que 〜 …126
31 前は〜だったよ／J'avais l'habitude de 〜 …128
32 〜させて／Laisse-moi 〜 …130
33 〜をありがとう／Merci pour 〜 …132
34 〜してごめんね／Je suis désolé(e) de 〜 …134
35 そんなに〜じゃないよ／Ce n'est pas si 〜 …136
36 〜すぎるよ／C'est trop 〜 …138
37 〜しないの？／Tu ne＋動詞の現在形＋pas ? …140
38 〜しなかったの？／Tu ne＋動詞の複合過去形＋pas ? …142
39 〜するつもりです／J'ai l'intention de 〜 …144
40 〜するはずでした／Je devais 〜 …146
41 〜すればよかった／J'aurais dû 〜 …148
42 〜するかもしれない／Peut-être que 〜 …150
43 〜するはずだよ／Tu devrais 〜 …152

44	〜するはずがない／Tu ne peux pas 〜	…154
45	〜するに違いない／Je suis sûr(e) que 〜	…156
46	〜してください／〜, s'il vous plaît.	…158
47	〜しないで！／Ne 〜 pas !	…160
48	〜してもいい？／Je peux 〜 ?	…162
49	〜してもいいですか？／Puis-je 〜 ?	…164
50	〜してもらえない？／Peux-tu 〜 ?	…166
51	〜が必要です／J'ai besoin de 〜	…168
52	〜が怖いです／J'ai peur de 〜	…170
53	どんな〜？／Quel type de 〜 ?	…172
54	よく〜するの？／〜 souvent ?	…174
55	〜そうだね／Ça semble 〜	…176
56	〜によるよ／Ça dépend de 〜	…178
57	〜ってこと？／Tu veux dire que 〜 ?	…180
58	〜だよね？／〜, n'est-ce pas ?	…182
59	〜はどんな感じ？／Comment est 〜 ?	…184
60	〜頑張って！／Bon courage pour 〜 !	…186
61	〜おめでとう！／Félicitations pour 〜 !	…188
62	念のために／Au cas où 〜	…190
63	何時に〜？／À quelle heure 〜 ?	…192
64	〜するようにしているよ／J'essaie de 〜	…196
65	〜しようと思っているよ／Je pense 〜	…198
66	〜するのを楽しみにしているよ／Il me tarde de 〜	…200
67	〜で困っているの／J'ai des problèmes avec 〜	…202
68	〜が痛い／J'ai mal à 〜	…204
69	〜だから／parce que 〜	…206
70	〜のとき／Quand 〜	…208
71	もし〜だったらなぁ／Si 〜	…210
72	…の方が〜だ／être動詞＋plus＋形容詞＋que …	…212

カバーデザイン：渡邊民人（TYPE FACE）
カバーイラスト：草田みかん
本文デザイン　：中川由紀子（TYPE FACE）
本文イラスト　：qanki

◎ フランス語・基本の基本！ ◎

1. 名詞と冠詞

　フランス語の名詞には男性形と女性形があります。
　名詞の前には、冠詞がつきます。名詞が男性形か女性形かによって、その前につく冠詞も異なります。また、名詞が単数か複数かによっても、つける冠詞が異なります。

●不定冠詞・定冠詞

　不特定で、数えられる名詞には、**不定冠詞のun/une/des**を前につけます。特定された名詞や、抽象的・総称的な名詞には、**定冠詞のle/la/les**を前につけます。

	男性		女性	
単数	**un** chat （1匹の猫）	**le** chat （[特定の]猫）	**une** voiture （1台の車）	**la** voiture （[特定の]車）
複数	**des** chats （[何匹かの]猫たち）	**les** chats （[特定の、何匹かの]猫たち）	**des** voitures （[何台かの]車）	**les** voitures （[特定の、何台かの]車）

●部分冠詞

数えられない物質名詞や抽象名詞には部分冠詞がつきます。

	男性	女性
単数	du vin （ワイン）	de la bière （ビール）
単数	de l'air （空気）	de l'eau （水）
複数	des épinards （ほうれん草）	des pâtes （パスタ）

※日本の参考書では、desが部分冠詞として載っていない場合もあります。

2. 形容詞

形容詞は、名詞を修飾します。名詞の性と数によって、つける形容詞の形もそれぞれ異なります。

	男性	女性
単数	un homme intelligent （頭の良い男性）	une femme intelligente （頭の良い女性）
複数	des hommes intelligents （頭の良い男性たち）	des femmes intelligentes （頭の良い女性たち）

基本的に、形容詞は名詞の後ろについて、国籍、色、形態を表します。

  un chien **blanc**   （白い犬）
  un visage **rond**   （丸い顔）
  une femme **italienne**   （イタリア人の女性）
  une fille **mignonne**   （かわいい女の子）

よく使われる形容詞は、名詞の前にきます。
  un **vieil** homme   （老人）
  une **grande** rivière   （大きな川）
  une **petite** ville   （小さな町）
  une **jolie** robe   （かわいいワンピース）

※複数名詞の前に形容詞がつく場合、不定冠詞desはdeになります。
  une voiture   → **des** voitures
  （1台の車）   （数台の車）
  une grande voiture → **de** grandes voitures
  （1台の大きな車）   （数台の大きな車）

●所有形容詞

所有形容詞は「私の」「君の」のような所有を表す形容詞です。あくまでも**名詞の性・数によって変化します**。その名詞の所有者の性別は関係ありませんので注意して！

	男性単数	女性単数	男性／女性複数
私の	mon	ma	mes
君の	ton	ta	tes
彼の・彼女の	son	sa	ses
私たちの	notre		nos
あなたの・あなたたちの	votre		vos
彼らの・彼女たちの	leur		leurs

※所有形容詞は、必ず名詞の前にきます。

例：mon vélo（私の自転車）

3. 動詞

　フランス語の動詞は、主語によって形が変わります。動詞の活用は基本の基本なので、しっかりおさえておきましょう。

　フランス語では動詞を、原形の形によって3つのグループに分けます。基本的に、同じグループに入る動詞の変化の仕方は同じです。

　『〜er』で終わる動詞の原形は第1グループです。

　『〜ir』で終わる動詞の原形は第2グループです。

　第3グループに入る動詞は不規則なので、暗記で活用形を覚えましょう。

原形\主語	①第1グループ：〜er型			②第2グループ：〜ir型		
	〜er	aimer（好む）	regarder（見る）	〜ir	finir（終える）	choisir（選ぶ）
Je/J'（私）	〜e	aime	regarde	〜s	finis	choisis
Tu（君）	〜es	aimes	regardes	〜s	finis	choisis
Il/Elle（彼・彼女）	〜e	aime	regarde	〜t	finit	choisit
Nous（私たち）	〜ons	aimons	regardons	〜ons	finissons	choisissons
Vous（あなた・あなたたち）	〜ez	aimez	regardez	〜ez	finissez	choisissez
Ils/Elles（彼ら・彼女たち）	〜ent	aiment	regardent	〜ent	finissent	choisissent

4. 文の種類

● 平叙文

基本の文は、「主語」＋「動詞」の形を取ります。

● 否定文

否定文は、基本的に、動詞を『ne』と『pas』ではさみます。

Je finis mon travail. 　　→　Je **ne** finis **pas** mon travail.
（私は仕事を終えます）　　　　（私は仕事を終えません）

動詞が母音字や無音の『h』から始まる場合は、『ne』が『n'』になって、次にくる動詞につきます。

J'habite à Paris.　　　　→　Je **n'**habite **pas** à Paris.
（私はパリに住んでいます）　　（私はパリに住んでいません）
J'aime la musique.　　　→　Je **n'**aime **pas** la musique.
（私は音楽が好きです）　　　　（私は音楽が好きではありません）

● 疑問文

疑問文は、次の4通りの言い方があります。

①主語が人称代名詞の場合

　主語と動詞を倒置します。倒置した主語と動詞の間を「－」でつなぎます。

Vous avez un chat.（あなたはネコを1匹飼っています）
→　**Avez-vous** un chat ？
　（あなたはネコを1匹飼っていますか？）

②主語が名詞の場合

　まず主語を置き、次にその主語の人称代名詞と動詞を倒置します。

　倒置された動詞のスペルが母音で終わり、その後ろの人称代名詞が母音で始まるとき、発音をスムーズにするために、間に「-t-」が挿入されます。

　Votre père aime le base-ball.
　（あなたのお父さんは野球が好きです）
　→ Votre père **aime-t-il** le base-ball ?
　　（あなたのお父さんは野球が好きですか？）

③平叙文の頭に『Est-ce que』をつける場合

　Tu aimes la glace à la vanille.
　（君はバニラアイスが好きだね）
　→　**Est-ce que** tu aimes la glace à la vanille ?
　　（君はバニラアイスは好きかい？）

※この場合、Est-ceの後には「主語＋動詞」がきます。「動詞－主語」にはなりません。

④語尾を上げて読む場合

　平叙文の最後を、イントネーションを上げて読むと、そのまま疑問文になります。

5. 時制

文の時制は、大きく分けて『現在』『過去』『未来』の3種類に分けられます。

● **『現在』**：動詞の現在形「〜する」
Nous allons jusqu'à Minatomirai.
（みなとみらいまで行きます）

● **『過去』**
①近接過去：venir動詞の現在形＋de＋動詞の原形「〜したところだ」
Je viens de parler avec elle.
（彼女と話したところだよ）

②複合過去：avoir/être動詞の現在形＋動詞の過去分詞「〜した」
J'ai regardé un film très intéressant.
（とてもおもしろい映画を観た）

Je suis allé(e) au marché aux puces hier.
（昨日蚤の市へ行った）

③半過去：動詞の半過去形「〜していた」（過去の継続的な動作や習慣）

J'habitais à Lyon.
（私はリヨンに住んでいました）

● 『未来』
①近接未来:aller動詞の現在形＋動詞の原形「〜するつもりです／〜する予定です」

Je vais écrire à mes parents.
（私は両親に手紙を書くつもりです）

②単純未来:動詞の単純未来形「〜するだろう」
Je vous attendrai devant la gare demain.
（明日、駅の前で待っていますね）

6. 人称代名詞

● 主語人称代名詞
主語人称代名詞は、動詞とセットで、主語として使われます。

	主語
私	je（j'）
君	tu
彼・彼女	il/elle
私たち	nous
あなた・あなたたち	vous
彼ら・彼女たち	ils/elles

補語人称代名詞

	直接補語（〜を）	間接補語（〜に）
私	me(m')	me(m')
君	te(t')	te(t')
彼・彼女	le(l') / la(l')	lui
私たち	nous	nous
あなた・あなたたち	vous	vous
彼ら・彼女たち	les	leur

直接補語と間接補語の、文中の位置に注意してください。
代名詞は必ず動詞の前にきます。

　　主語　(ne)　代名詞　動詞　(pas)．

補語人称代名詞を同じ文の中で2つ使う場合

　補語人称代名詞を同じ文の中で2つ使う場合は、下の図のような順番で使います。

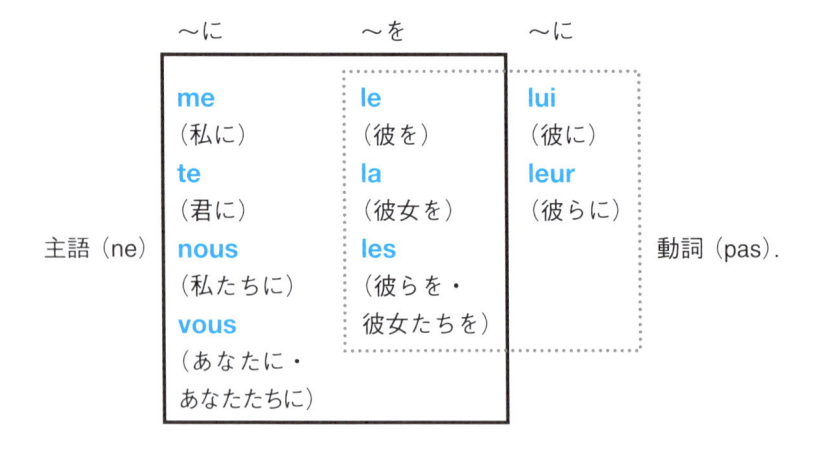

　　　　　　　　〜に　　　　　　〜を　　　　　　〜に

主語 (ne)
me（私に）	le（彼を）	lui（彼に）
te（君に）	la（彼女を）	leur（彼らに）
nous（私たちに）	les（彼らを・彼女たちを）	
vous（あなたに・あなたたちに）		

動詞 (pas)．

Partie I

これだけは!!
絶対覚えたい
重要パターン 21

1 これは〜です

C'est 〜

基本フレーズ ♪

C'est un cadeau.
（セ タン カドー）
これはプレゼントです。

こんなときに使おう!
プレゼントを渡しながら…

『C'est 〜』は、「これは（が）〜です」という表現です。

〜には名詞または形容詞がきます。

自分の近くにあるものを「これは（が）〜です」と説明するときや、何かを渡しながら「これが〜だよ」と言うときに使います。

また、電話の最初に名乗るときや誰かを紹介するときにも使える表現です。

基本パターン

C'est ＋ 名詞・形容詞
　　　　（un cadeau）．

基本パターンで言ってみよう!

C'est un plan de métro.
セ タン プロン ドゥ メトロ

これは地下鉄の地図です。

C'est un magasin de souvenirs.
セ タン マガザン ドゥ スヴニール

ここはお土産屋さんです。

C'est une boulangerie très connue.
セ チュヌ ブランジュリー トレ コニュ

ここはとても有名なパン屋さんです。

ワンポイント 『très connue』とても有名な

C'est ma grand-mère.
セ マ グロン メール

この人が私のおばあちゃんです。

C'est délicieux.
セ デリシユー

これはおいしいね。

C'est chaud.
セ ショ

これは熱いね。

C'est dangereux.
セ ドンジュルー

これは危ないよ。

応 用

●否定パターン●

『C'est』を『Ce n'est pas』に変えるだけ！

> Ce n'est pas ＋ 名詞・形容詞 ．

Ce n'est pas un cadeau.（これはプレゼントではありません）
（ス ネ パ ザン カドー）

●疑問パターン●

ceとestを逆にして、その間に『-』をつけるだけ！
基本パターンの前に『Est-ce que』をつけると少し丁寧な雰囲気に！
＊『Est-ce que』をつけるときには、主語と動詞を逆にしません。

> Est-ce
> Est-ce que ＋ c'est ＋ 名詞・形容詞 ？

Est-ce un cadeau ?（プレゼントかい？）
（エ ス アン カドー）

答え方
Oui, c'est un cadeau.（うん、プレゼントだよ）
（ウィ セ タン カドー）
Non, ce n'est pas un cadeau.（いいえ、プレゼントではないよ）
（ノン ス ネ パ ザン カドー）

これは〜です／C'est 〜

Est-ce que c'est un cadeau ?（これはプレゼントですか？）

答え方

Oui, c'est un cadeau.（はい、プレゼントです）
Non, ce n'est pas un cadeau.（いいえ、プレゼントではありません）

😊 応用パターンで言ってみよう!

Ce n'est pas mon numéro de portable.
それは私の携帯番号ではありません。

Ce n'est pas ma faute.
私のせいではありません。

Ce n'est pas vrai.
これは正しくありません。

Ce n'est pas difficile.
これは難しくありません。

Est-ce que c'est ton adresse e-mail ?
これは君のメールアドレスですか？

Est-ce que c'est cher ?
これは高いですか？

2 私は〜です①

Je suis 〜

基本フレーズ

Je suis japonais(e).
ジュ スィ ジャポネ (ズ)
私は日本人です。

こんなときに使おう!
国籍を聞かれて…

『 主語 + être動詞 〜』は、「 主語 は〜です」という表現です。〜には名詞や形容詞がきます。また、être動詞の形は主語によって変わります。

このパターンでは、「主語＝〜」となり、主語が何なのか、どんな職業、どこの国籍、またはどんな状態なのかを表すときに使います。

●基本パターン●

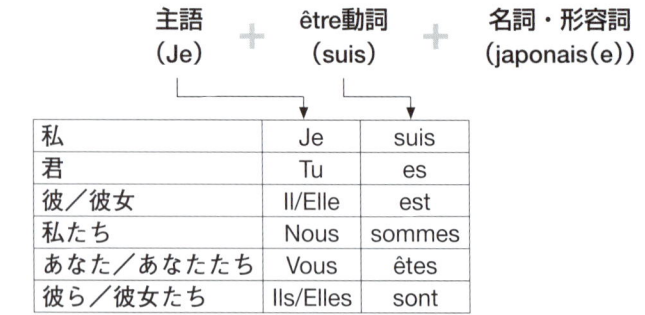

主語　　　　　être動詞　　　　名詞・形容詞
(Je)　＋　　(suis)　　＋　(japonais(e))

私	Je	suis
君	Tu	es
彼／彼女	Il/Elle	est
私たち	Nous	sommes
あなた／あなたたち	Vous	êtes
彼ら／彼女たち	Ils/Elles	sont

基本パターンで言ってみよう!

Je suis guitariste.
ジュ スィ ギタリスト

私はギタリストです。

Je suis ingénieur à IBM.
ジュ スィ アンジェニユー ア イベエム

僕はIBM社のエンジニアです。

Je suis perdu(e).
ジュ スィ ペルデュ

私は迷子なんです。

Je suis sérieux(-se).
ジュ スィ セリユー (ズ)

私は本気です。

Je suis allergique au pollen.
ジュ スィ ザレルジック オ ポレン

私は花粉症です。

> ワンポイント 『être allergique à 〜』〜に対してアレルギーがある

Je suis occupé(e).
ジュ スィ ゾキュペ

私は忙しいです。

Je suis femme au foyer.
ジュ スィ ファム オ フォワィエ

私は専業主婦です。

> ワンポイント 『femme au foyer』主婦

応用

●否定パターン●

être動詞を『ne/n'』と『pas』ではさむだけ！

主語 + ne/n' + être動詞 + pas + 名詞・形容詞 .

Je ne suis pas japonais(e). （私は日本人ではありません）
ジュ ヌ スィ パ ジャポネ (ズ)

Il n'est pas japonais. （彼は日本人ではありません）
イル ネ パ ジャポネ

●疑問パターン●

主語とêtre動詞を逆にして、その間に『-』をつけるだけ！
基本パターンの前に『Est-ce que』をつけると少し丁寧な雰囲気に！
＊『Est-ce que』をつけるときには、主語と動詞を逆にしません。

être動詞ー主語

+ 名詞・形容詞 ？

Est-ce que + 主語 + être動詞

Es-tu japonais(e) ? （君は日本人なの？）
エ テュ ジャポネ (ズ)

答え方
Oui, je suis japonais(e). （はい、日本人だよ）
ウィ ジュ スィ ジャポネ (ズ)
Non, je ne suis pas japonais(e). （いいえ、日本人ではないよ）
ノン ジュ ヌ スィ パ ジャポネ (ズ)

Est-ce qu'il est japonais ? （彼は日本人ですか？）
エ ス キ レ ジャポネ

答え方
Oui, il est japonais. （はい、日本人です）
ウィ イ レ ジャポネ
Non, il n'est pas japonais. （いいえ、日本人ではありません）
ノン イル ネ パ ジャポネ

私は〜です①／Je suis 〜

😃 応用パターンで言ってみよう!

Je ne suis pas professeur d'anglais.
ジュ ヌ スィ パ プロフェッスール ドングレ

私は英語の先生ではありません。

Je ne suis pas ici pour affaires.
ジュ ヌ スィ パ イシ プー アフェール

ビジネスでここに来ているわけではありません。

> ワンポイント　空港で渡航目的を聞かれたときなどに使います。

Je ne suis pas sûr(e).
ジュ ヌ スィ パ シュー(ル)

確かではないんだけどね。

Je ne suis pas riche.
ジュ ヌ スィ パ リッシュ

私は金持ちではありません。

Elle n'est pas mon type.
エル ネ パ モン ティップ

彼女は僕の好みじゃないなぁ。

Es-tu en congé le samedi ?
エ テュ オン コンジェ ル サムディ

君は土曜日はお休み？

> ワンポイント　『être en congé』仕事が休みである

Est-ce que vous êtes musicien(ne) ?
エス ク ヴ ゼット ミュージシャン(ーシエンヌ)

あなたはミュージシャンですか？

Est-ce qu'elle est française ?
エス ケ レ フロンセーズ

彼女はフランス人ですか？

I これだけは!! 絶対覚えたい重要パターン21

3 私は〜です②

J'ai 〜

基本フレーズ🎵

J'ai trente ans.
（ジェ　トラン　トン）
私は30歳です。

こんなときに使おう!
年齢を聞かれて…

『 主語 + avoir動詞 〜』は、「 主語 は〜です」という表現です。〜には、名詞がきます。また、avoir動詞の形は主語によって変わります。

このパターンでは、「主語＝〜」となり、主語が何なのか、どんな状態なのか、または年齢を表すときに使います。

●基本パターン●

主語(J') ＋ avoir動詞(ai) ＋ 名詞(trente ans)

私	J'	ai
君	Tu	as
彼／彼女	Il/Elle	a
私たち	Nous	avons
あなた／あなたたち	Vous	avez
彼ら／彼女たち	Ils/Elles	ont

基本パターンで言ってみよう!

ジェ　ヴァンドゥ　ゾン
J'ai vingt-deux ans.

僕は22歳です。

ジェ　トロン　トュイッ　ドゥ　フィエーヴル
J'ai trente-huit de fièvre.

38度の熱があります。

ジェ　ソワフ
J'ai soif.

喉がかわいています。

ジェ　ショ
J'ai chaud.

暑いです。

ジェ　フロワ
J'ai froid.

寒いです。

ジェ　ドゥ　ラ　シャンス
J'ai de la chance.

ツイている。

応 用

●否定パターン●

avoir動詞を『n'』と『pas』ではさむだけ！

主語 + n' + avoir動詞 + pas + 名詞 .

Je n'ai pas trente ans.（私は30歳ではありません）
ジュ ネ パ トラン トン

Il n'a pas trente ans.（彼は30歳ではありません）
イル ナ パ トラン トン

●疑問パターン●

主語とavoir動詞を逆にして、その間に『-』をつけるだけ！
基本パターンの前に『Est-ce que』をつけると少し丁寧な雰囲気に！
＊『Est-ce que』をつけるときには、主語と動詞を逆にしません。

avoir動詞－主語
Est-ce que + 主語 + avoir動詞 + 名詞 ?

As-tu trente ans ?（君は30歳なの？）
ア テュ トラン トン

答え方

Oui, j'ai trente ans.（うん、30歳だよ）
ウィ ジェ トラン トン

Non, je n'ai pas trente ans.（いいえ、30歳ではないよ）
ノン ジュ ネ パ トラン トン

私は〜です②／J'ai 〜

Est-ce qu'il a trente ans ?（彼は30歳ですか？）

答え方

Oui, il a trente ans.（はい、彼は30歳です）

Non, il n'a pas trente ans.（いいえ、彼は30歳ではありません）

😊 応用パターンで言ってみよう!

Je n'ai pas faim.

私はお腹がすいていません。

Je n'ai pas de fièvre.

私は熱はありません。

Je n'ai pas peur.

私は怖くありません。

Je n'ai pas de patience.

私は我慢強くありません。

Tu n'as pas raison.

君は正しくないよ。

> **ワンポイント**　『avoir raison』正しい（⇔『avoir tort』間違っている）

Est-ce que vous avez vingt-deux ans ?

あなたは22歳ですか？

Est-ce qu'elle a de longues jambes ?

彼女は足が長いの？

4 ～します

Je＋一般動詞

基本フレーズ ♪

ジュ　トラヴァイユ　ア　ヨコハマ
Je travaille à Yokohama.
私は横浜で働いています。

こんなときに使おう！
どこで働いているのかを聞かれて…

『主語 ＋ 一般動詞（avoir/être動詞以外の動詞）』は、「主語 は～します」という表現です。

動詞の形は主語によって変わります。

基本パターン

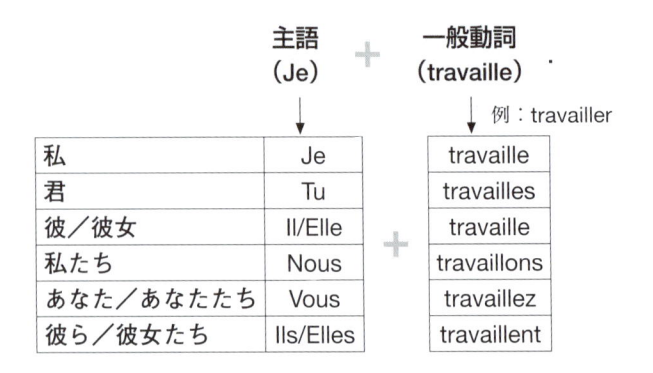

主語（Je） ＋ 一般動詞（travaille）

例：travailler

私	Je	travaille
君	Tu	travailles
彼／彼女	Il/Elle	travaille
私たち	Nous	travaillons
あなた／あなたたち	Vous	travaillez
彼ら／彼女たち	Ils/Elles	travaillent

基本パターンで言ってみよう!

J'aime les chats.
ジェム レ シャ

私は猫が好きです。

Je prends ce gâteau au chocolat.
ジュ プロン ス ギャトー オ ショコラ

(注文のときに)私はそのチョコレートケーキにします。

Je prends ma douche le matin.
ジュ プロン マ ドゥーシュ ル マタン

私は朝シャワーを浴びます。

Je dors à vingt-trois heures.
ジュ ドール ア ヴァン トロワ ズール

僕は23時に寝ます。

Je fais du yoga une fois par semaine.
ジュ フェ デュ ヨガ ユヌ フォワ パー スメーヌ

私は1週間に1回ヨガをやっています。

> **ワンポイント** 『une fois par semaine』1週間に1回

Je jette juste un œil.
ジュ ジェット ジュス タン ヌイユ

(お店で)ただ見ているだけです。

> **ワンポイント** 『jetter un œil』目を投げる=眺める

Je rentre chez moi vers vingt heures.
ジュ ロントル シェ モワ ヴェル ヴァン トゥール

私はだいたい20時に帰宅します。

> **ワンポイント** 『vers』だいたい

Je reviens tout de suite.
ジュ ルヴィヤン トゥ ドゥ スゥィット

すぐに戻るね。

> **ワンポイント** 『tout de suite』すぐに

応用

● 否定パターン ●

動詞を『ne/n'』と『pas』ではさむだけ！

主語 + ne/n' + 一般動詞 + pas .

ジュ ヌ トラヴァイユ パ ア ヨコハマ
Je ne travaille pas à Yokohama.（私は横浜で働いていません）
イル ヌ トラヴァイユ パ ア ヨコハマ
Il ne travaille pas à Yokohama.（彼は横浜で働いていません）

● 疑問パターン ●

主語と動詞を逆にして、その間に『-』をつけるだけ！
基本パターンの前に『Est-ce que』をつけると少し丁寧な雰囲気に！
＊『Est-ce que』をつけるときには、主語と動詞を逆にしません。

一般動詞ー主語 ?

Est-ce que + 主語 + 一般動詞 ?

トラヴァイユ テュ ア ヨコハマ
Travailles-tu à Yokohama ?（横浜で働いているの？）

答え方
ウィ ジ トラヴァイユ
Oui, j'y travaille.（うん、働いているよ）
ノン ジュ ニ トラヴァイユ パ
Non, je n'y travaille pas.（いいえ、働いていないよ）

ワンポイント 『y』は動詞の前につきます（à＋Yokohama＝y）。

Est-ce qu'il travaille à Yokohama ?（彼は横浜で働いていますか?）

答え方
Oui, il y travaille.（はい、働いています）
Non, il n'y travaille pas.（いいえ、働いていません）

😊 応用パターンで言ってみよう!

Je ne connais pas Monsieur Dupont.
私はデュポンさんを知りません。

Je ne travaille pas le samedi.
私は土曜日は働いていません。

Ma femme ne boit pas.
私の妻はお酒を飲みません。

Patricia n'habite plus au Japon.
もうパトリシアは日本に住んでいません。

> ワンポイント 『ne 〜 plus』もう〜ない

Aimes-tu le classique ?
クラシック音楽が好きなの?

Est-ce que vous avez des amis étrangers ?
外国人の友人はいますか?

Est-ce que ton mari fait la cuisine ?
君の旦那さんは料理をするの?

Est-ce que vous recevez le journal tous les jours ?
あなたは毎日、新聞を取っていますか?

5 〜しています

Je suis en train de ＋ 動詞の原形

基本フレーズ 🎵

ジュ スィ オン トラン ドゥ デジュネ
Je suis en train de déjeuner.
私はお昼を食べています。

こんなときに使おう!
「今、何をしているの？」と聞かれて…

『 主語 ＋ être動詞 ＋en train de＋ 動詞の原形 』は、「 主語 は〜しています」と動作の真っ只中であることを表す表現です。

être動詞の形は主語によって変わります。

基本パターン

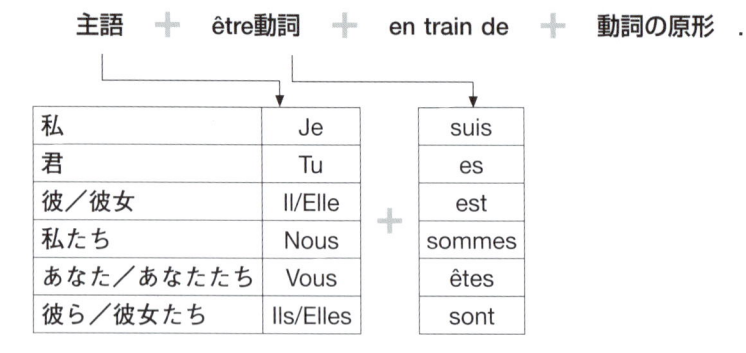

主語 ＋ être動詞 ＋ en train de ＋ 動詞の原形 .

主語	être動詞		en train de
私	Je		suis
君	Tu		es
彼／彼女	Il/Elle	＋	est
私たち	Nous		sommes
あなた／あなたたち	Vous		êtes
彼ら／彼女たち	Ils/Elles		sont

基本パターンで言ってみよう!

Je suis en train de téléphoner.
<ジュ スィ オン トラン ドゥ テレフォネ>

電話しているよ。

Je suis en train d'écrire une lettre à un ami.
<ジュ スィ オン トラン デクリール ユヌ レットル ア アン ナミ>

友達に手紙を書いているよ。

Je suis en train de réviser pour l'examen.
<ジュ スィ オン トラン ドゥ レヴィゼ プー レグザマン>

試験のために復習しているよ。

Je suis en train de chercher un restaurant.
<ジュ スィ オン トラン ドゥ シェルシェ アン レストロン>

レストランを探しています。

Il est en train de promener le chien maintenant.
<イ レ トン トラン ドゥ プロムネ ル シヤン マントゥノン>

今、彼は犬の散歩をしています。

Elle est encore **en train de regarder** la télévision.
<エ レ トンコー オン トラン ドゥ ルギャルデ ラ テレヴィジョン>

彼女はまたテレビを観ています。

応用

●否定パターン●

être動詞を『ne/n'』と『pas』ではさむだけ！

主語 + **ne/n'** + être動詞 + **pas** + en train de + 動詞の原形．

ジュ ヌ スィ パ ゾン トラン ドゥ デジュネ
Je ne suis pas en train de déjeuner.
（私はお昼を食べていません）

イル ネ パ ゾン トラン ドゥ デジュネ
Il n'est pas en train de déjeuner.
（彼はお昼を食べていません）

●疑問パターン●

　主語とêtre動詞を逆にして、その間に『-』をつけるだけ！
基本パターンの前に『Est-ce que』をつけると少し丁寧な雰囲気に！
＊『Est-ce que』をつけるときには、主語と動詞を逆にしません。

être動詞ー主語 + en train de + 動詞の原形 ？

Est-ce que + 主語 + être動詞

エ テュ オン トラン ドゥ デジュネ
Es-tu en train de déjeuner ?（お昼を食べているの？）

　答え方
　ウィ ジュ スィ ゾン トラン
　Oui, je suis en train.（うん、食べているよ）
　ノン ジュ ヌ スィ パ ゾン トラン
　Non, je ne suis pas en train.（いいえ、食べていないよ）

～しています／Je suis en train de＋動詞の原形

Est-ce qu'il est en train de déjeuner ?
エ ス キ レ トン トラン ドゥ デジュネ

（彼はお昼を食べていますか？）

答え方

Oui, il est en train.（はい、食べています）
ウィ イ レ トン トラン

Non, il n'est pas en train.（いいえ、食べていません）
ノン イル ネ パ ゾン トラン

😊 応用パターンで言ってみよう!

Je ne suis pas en train de bavarder.
ジュ ヌ スィ パ ゾン トラン ドゥ バヴァルデ

私はおしゃべりしていないよ。

Il n'est pas en train de faire ses devoirs.
イル ネ パ ゾン トラン ドゥ フェール セ ドゥヴォワール

彼は宿題をしていないの。

Es-tu en train de dormir ?
エ テュ オン トラン ドゥ ドルミール

寝てる？

Es-tu en train de marcher sous la pluie ?
エ テュ オン トラン ドゥ マルシェ ス ラ プリュイ

雨の中を歩いてるの？

Est-ce que tu es en train de penser aux grandes vacances ?
エ ス ク テュ エ ゾン トラン ドゥ ポンセ オ グロンドゥ ヴァコンス

夏休みのことを考えているの？

Est-ce que vous êtes en train de boire de l'alcool ?
エ ス ク ヴ ゼット トン トラン ドゥ ボワール ドゥ ラルコール

お酒を飲んでいますか？

6 ～すると思います

Je ＋ 動詞の単純未来形

基本フレーズ

ジュ　ヴィジトレ　ル　ミュゼ　ドルセー　ドゥマン
Je visiterai le musée d'Orsay demain.
私は明日オルセー美術館に行きます。

こんなときに使おう！
明日の予定を聞かれて…

『 主語 ＋ 動詞の単純未来形 』は、「～すると思います」「～します」と未来を表す表現です。動詞の形は主語によって変わります。

年齢など、自分の意志とは関係なく未来に起こることや、前から決めていたことではなく今決めたことなどを言いたいときに使います。

● 基本パターン ●

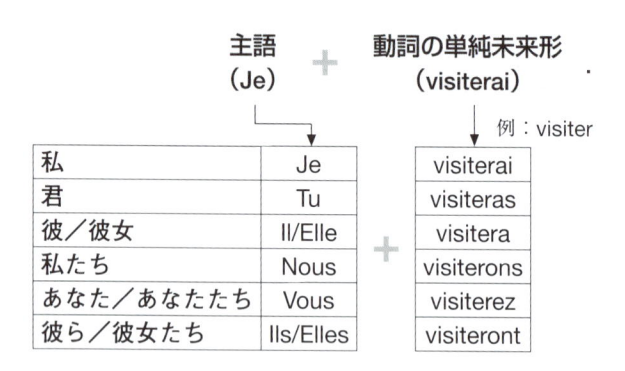

主語（Je） ＋ 動詞の単純未来形（visiterai）

例：visiter

私	Je
君	Tu
彼／彼女	Il/Elle
私たち	Nous
あなた／あなたたち	Vous
彼ら／彼女たち	Ils/Elles

visiterai
visiteras
visitera
visiterons
visiterez
visiteront

基本パターンで言ってみよう!

Je serai à Osaka le mois prochain.
私は来月大阪にいます。

Je viendrai ici lundi à sept heures.
月曜日の7時にここに来ます。

Je te donnerai le deuxième volume la semaine prochaine.
来週、2巻目を渡すね。

Je prendrai le bain demain matin.
私は明日の朝お風呂に入るわ。

Je chercherai des DVD italiens après-demain.
明後日、イタリアのDVDを探します。

Je demanderai à Madame Latry demain.
明日ラトリーさんに聞いてみるよ。

J'apporterai le parapluie demain soir.
明日の夜は傘を持っていきます。

Je regretterai demain...
明日になったら後悔するわ…。

応 用

● 否定パターン ●

動詞を『ne/n'』と『pas』ではさむだけ！

主語 + **ne/n'** + **動詞の単純未来形** + **pas** .

ジュ ヌ ヴィジトレ パ ル ミュゼ ドルセー ドゥマン
Je ne visiterai pas le musée d'Orsay demain.
（私は明日オルセー美術館には行きません）

イル ヌ ヴィジトラ パ ル ミュゼ ドルセー ドゥマン
Il ne visitera pas le musée d'Orsay demain.
（彼は明日オルセー美術館には行きません）

● 疑問パターン ●

主語と動詞を逆にして、その間に『-』をつけるだけ！
基本パターンの前に『Est-ce que』をつけると少し丁寧な雰囲気に！
＊『Est-ce que』をつけるときには、主語と動詞を逆にしません。

動詞の単純未来形－主語 ？

Est-ce que + **主語** + **動詞の単純未来形** ？

ヴィジトラ テュ ル ミュゼ ドルセー ドゥマン
Visiteras-tu le musée d'Orsay demain ？
（明日オルセー美術館へ行くの？）

答え方
ウィ ジュ ル ヴィジトレ
Oui, je le visiterai.（うん、行くよ）
ノン ジュ ヌ ル ヴィジトレ パ
Non, je ne le visiterai pas.（いいえ、行かないよ）

〜すると思います／Je＋動詞の単純未来形

Est-ce qu'il visitera le musée d'Orsay demain ?
エス キル ヴィジトラ ル ミュゼ ドルセー ドゥマン

（彼は明日オルセー美術館へ行きますか？）

答え方
Oui, il le visitera.（はい、行きます）
ウィ イル ル ヴィジトラ
Non, il ne le visitera pas.（いいえ、行きません）
ノン イル ヌ ル ヴィジトラ パ

応用パターンで言ってみよう!

Je ne serai pas ici la semaine prochaine.
ジュ ヌ スレ パ イシラ スメヌ プロシェーヌ

来週はここにいません。

Je ne sortirai pas cet après-midi.
ジュ ヌ ソルティレ パ セッ タプレ ミディ

今日の午後は外出しません。

Je ne viendrai pas au club demain soir.
ジュ ヌ ヴィヤンドレ パ オ クルブ ドゥマン ソワール

明日の夜はクラブへは行かない。

Je n'aurai rien à faire demain.
ジュ ノレ リヤン ナ フェール ドゥマン

明日はすることが何もない。

> **ワンポイント** 『avoir à＋ 動詞の原形 』〜することがある

Est-ce que Mai viendra aussi ce soir ?
エス ク マイ ヴィヤンドラ オッシ ス ソワール

今夜マイさんも来るのですか？

Est-ce que vous aurez du temps libre mercredi prochain ?
エス ク ヴ ゾレ デュ トン リーブル メルクルディ プロシャン

来週の水曜日、空いている時間はありますか？

7 …からずっと〜しています

Je＋動詞の現在形＋depuis …

基本フレーズ♪

ジュ スィ マラードゥ ドゥプュイ ドゥ ジュール
Je suis malade **depuis** deux jours.
私はおとといから病気です。

こんなときに使おう！
「大丈夫？」と聞かれて…

『主語＋動詞の現在形＋depuis …』は、「主語は…からずっと〜しています／〜です」という表現です。…には、期間を表す名詞がきます。

過去から現在にかけて、そして現在も継続的にしている事柄や状態を説明するときに使います。

動詞の形は主語によって変わります。

基本パターン

| 主語
(Je) | ＋ | 動詞の現在形
(suis) | ＋ | depuis | ＋ | 期間を表す名詞
(deux jours) | ． |

基本パターンで言ってみよう!

J'habite à Yokohama **depuis** vingt ans.
_{ジャビット ア ヨコハマ ドゥプュィ ヴァン トン}

私は20年間横浜在住です。

J'ai mal à la tête **depuis** ce matin.
_{ジェ マ ラ ラ テット ドゥプュィ ス マタン}

今朝から頭痛がします。

Je fais du piano **depuis** mon enfance.
_{ジュ フェ デュ ピアノ ドゥプュィ モン ナンフォンス}

小さい頃からピアノを弾いています。

Je suis fan de Michael Jackson **depuis** toujours.
_{ジュ スィ ファン ドゥ マイケル ジャクソン ドゥプュィ トゥジュール}

私はずっと前からマイケル・ジャクソンに夢中です。

Je travaille sans me reposer **depuis** quelques jours.
_{ジュ トラヴァイユ サン ム ルポゼ ドゥプュィ ケルク ジュール}

ここ何日か休みなしで働いています。

> **ワンポイント** 『sans se reposer』休みなしで

Je pense à toi **depuis** toujours.
_{ジュ ポンス ア トワ ドゥプュィ トゥジュール}

ずっと前から君のことを考えているよ。

> **ワンポイント** 『penser à 〜』〜のことを考える

Alex étudie le japonais **depuis** deux ans.
_{アレックス エテュディ ル ジャポネ ドゥプュィ ドゥ ゾン}

アレックスは2年間日本語を勉強しています。

Mon bébé dort depuis environ une demi-heure.
_{モン ベベ ドール ドゥプュィ オンヴィロン ユヌ ドゥミ ユール}

私の赤ちゃんは約30分前から寝ています。

> **ワンポイント** 『environ』約、だいたい

応 用

● 否定パターン ●

動詞を『ne/n'』と『pas』ではさむだけ！

主語 + ne/n' + 動詞の現在形 + pas + depuis + 期間を表す名詞

ジュ ヌ スィ パ マラードゥ ドゥプュイ ドゥ ジュール
Je ne suis pas malade depuis deux jours.
（私はおとといから病気ではありません）

イル ネ パ マラードゥ ドゥプュイ ドゥ ジュール
Il n'est pas malade depuis deux jours.
（彼はおとといから病気ではありません）

● 疑問パターン ●

主語と動詞を逆にして、その間に『-』をつけるだけ！
基本パターンの前に『Est-ce que』をつけると少し丁寧な雰囲気に！
＊『Est-ce que』をつけるときには、主語と動詞を逆にしません。

動詞の現在形ー主語 + depuis + 期間を表す名詞 ?

Est-ce que + 主語 + 動詞の現在形

エ テュ マラードゥ ドゥプュイ ドゥ ジュール
Es-tu malade depuis deux jours ?
（おとといから病気なの？）

答え方
ウィ ジュ ル スィ
Oui, je le suis.（うん、病気だよ）
ノン ジュ ヌ ル スィ パ
Non, je ne le suis pas.（いいえ、病気ではないよ）

…からずっと～しています／Je＋動詞の現在形＋depuis…

Est-ce qu'il est malade depuis deux jours ?
（彼はおとといから病気ですか？）

答え方
Oui, il l'est.（はい、病気です）
Non, il ne l'est pas.（いいえ、病気ではありません）

応用パターンで言ってみよう!

Il ne conduit pas depuis son accident.
事故にあってから彼は運転していない。

Manges-tu toujours du riz depuis ton arrivée au Japon ?
日本に着いてからずっとお米を食べているの？

Dors-tu depuis longtemps ?
ずっと前から寝てるの？

Est-ce que vous êtes en réunion depuis quatorze heures ?
14時から会議中ですか？

Est-ce que vous toussez depuis hier ?
昨日から咳をしているのですか？

8 ～しました

Je ＋ 動詞の複合過去形

基本フレーズ

ジェ　アシュテ　　セット　ミニ　ジュップ
J'ai acheté cette mini-jupe.
私はこのミニスカートを買いました。

こんなときに使おう！
「昨日、何か買ったの？」と聞かれて…

『 主語 ＋ avoir/être動詞の現在形 ＋ 動詞の過去分詞形 』は、「主語は ～しました」という表現です。avoir/être動詞の形は主語によって変わります。

avoir動詞を使う場合が多いですが、「移動」を表したいときなどはêtre動詞を使います。

基本パターン

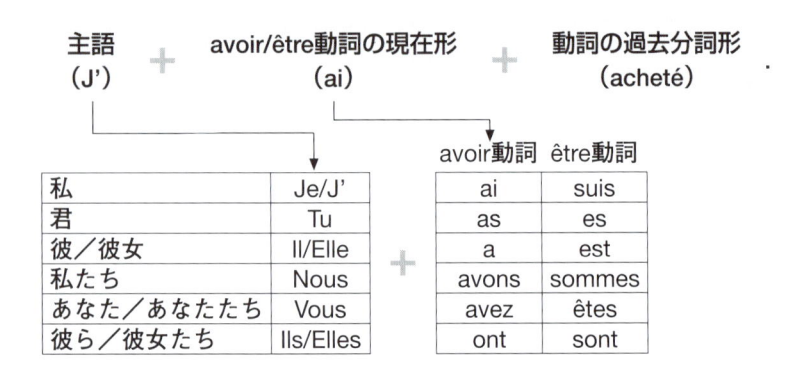

主語　　　　　　　avoir/être動詞の現在形　　　動詞の過去分詞形
（J'）　＋　　　　　　（ai）　　　　　＋　　　（acheté）

私	Je/J'
君	Tu
彼／彼女	Il/Elle
私たち	Nous
あなた／あなたたち	Vous
彼ら／彼女たち	Ils/Elles

avoir動詞　être動詞

avoir	être
ai	suis
as	es
a	est
avons	sommes
avez	êtes
ont	sont

基本パターンで言ってみよう!

J'ai regardé un film de François Ozon la semaine dernière.

先週フランソワ・オゾンの映画を観ました。

J'ai visité le musée de l'Orangerie hier après-midi.

昨日の午後、僕はオランジュリー美術館へ行ってきました。

J'ai perdu mon porte-monnaie hier.

昨日財布を失くした。

J'ai trouvé une cravate en soie.

絹のネクタイを見つけました。

J'ai pris la ligne six ce matin.

今朝6番線に乗りましたよ。

Je suis arrivé(e) il y a deux mois.

2カ月前に到着しました。

Je suis allé(e) au jardin du Luxembourg il y a trois semaines.

3週間前に私はリュクサンブルグ公園へ行きました。

Je suis rentré(e) tard hier soir.

昨日の夜は遅くに帰りました。

応用

● 否定パターン ●

avoir/être動詞を『ne/n'』と『pas』ではさむだけ！

主語 + ne/n' + avoir/être動詞の現在形 + pas + 動詞の過去分詞形

ジュ ネ パ ザシュテ セット ミニ ジュップ イエール
Je n'ai pas acheté cette mini-jupe hier.
（私は昨日このミニスカートを買いませんでした）

エル ナ パ ザシュテ セット ミニ ジュップ イエール
Elle n'a pas acheté cette mini-jupe hier.
（彼女は昨日このミニスカートを買いませんでした）

● 疑問パターン ●

主語とavoir/être動詞を逆にして、その間に『-』をつけるだけ！
基本パターンの前に『Est-ce que』をつけると少し丁寧な雰囲気に！
＊『Est-ce que』をつけるときには、主語とavoir/être動詞を逆にしません。

avoir/être動詞の現在形－主語 + 動詞の過去分詞形 ？

Est-ce que + 主語 + avoir/être動詞の現在形 + 動詞の過去分詞形 ？

ア テュ アシュテ セット ミニ ジュップ イエール
As-tu acheté cette mini-jupe hier ?
（昨日このミニスカートを買ったの？）

答え方
ウィ ジュ レ アシュテ イエール
Oui, je l'ai achetée hier.（うん、昨日買ったよ）
ノン ジュ ヌ レ パ ザシュテ イエール
Non, je ne l'ai pas achetée hier.（いいえ、昨日は買っていないよ）

〜しました／Je＋動詞の複合過去形

Est-ce qu'elle a acheté cette mini-jupe hier ?
<small>エ ス ケ ラ アシュテ セット ミニ ジュップ イエール</small>

（彼女は昨日このミニスカートを買いましたか？）

答え方
Oui, elle l'a achetée hier.（はい、昨日買いました）
<small>ウィ エル ラ アシュテ イエール</small>

Non, elle ne l'a pas achetée hier.（いいえ、昨日は買っていません）
<small>ノン エル ヌ ラ パ ザシュテ イエール</small>

😊 応用パターンで言ってみよう!

Je n'ai pas vu Miho aujourd'hui.
<small>ジュ ネ パ ヴュ ミホ オージュルデュィ</small>

今日はミホに会っていないよ。

Je n'ai pas entendu ça.
<small>ジュ ネ パ オントンデュ サ</small>

それは聞いていません。

Je ne suis pas allé(e) au café jeudi dernier.
<small>ジュ ヌ スィ パ ザレ オ キャフェ ジュディ デルニエ</small>

先週の木曜日はカフェには行っていないよ。

Je ne suis pas descendu(e) à la gare de Yokohama ce matin.
<small>ジュ ヌ スィ パ デサンデュ ア ラ ギャール ドゥ ヨコハマ ス マタン</small>

今朝は横浜駅で降りませんでした。

Avez-vous dîné ensemble hier soir ?
<small>アヴェ ヴ ディネ オンソンブル イエールソワール</small>

昨日の夜、一緒に夕飯を食べたのですか？

Est-ce que vous êtes allé(e) au Louvre récemment ?
<small>エ ス ク ヴ ゼッ タレ オ ルーヴル レサモン</small>

最近、ルーブル美術館に行きましたか？

Est-ce que tu as acheté une baguette à midi ?
<small>エ ス ク テュ ア アシュテ ユヌ バゲット ア ミディ</small>

お昼にバゲット1本買ってきてくれた？

Est-ce que tu as conduit ma voiture dimanche dernier ?
<small>エ ス ク テュ ア コンデュイ マ ヴォワチュール ディモンシュ デルニエ</small>

先週の日曜日、僕の車運転した？

◎過去分詞形のルール◎

1. 動詞の原形が『〜er』で終わると、過去分詞形は『〜é』で終わります。

	行く	住む	歩く	働く
原形	aller	habiter	marcher	travailler
過去分詞	allé	habité	marché	travaillé

2. 動詞の原形が『〜ir』で終わると、過去分詞形は『〜i』で終わります。

	選ぶ	終える	太る	痩せる
原形	choisir	finir	grossir	maigrir
過去分詞	choisi	fini	grossi	maigri

3. その他の動詞の過去分詞形は不規則なので、暗記しましょう！

※過去分詞形は、avoir/être動詞とセットで覚えることが大事です。

◎avoir動詞とêtre動詞の区別◎

1. たいていの動詞は『avoir動詞＋過去分詞形』となります。

2. 「移動」を表す動詞など、一部の動詞は『être動詞＋過去分詞形』となるものがあります。このとき、動詞の過去分詞形は主語の性と数によって変わります。

〜しました／Je＋動詞の複合過去形

意味	動詞の原形	être動詞＋過去分詞形
行く／来る	aller/venir	être allé(e)(s)/venu(e)(s)
入る／出る	entrer/sortir	être entré(e)(s)/sorti(e)(s)
着く／泊まる／出発する	arriver/rester/partir	être arrivé(e)(s)/resté(e)(s)/parti(e)(s)
昇る／降りる	monter/descendre	être monté(e)(s)/descendu(e)(s)

❗ これも知っておこう！ ── 過去を表す表現

昨日	hier
おととい	avant-hier
先週	la semaine dernière
先月	le mois dernier
先月の20日	le vingt du mois dernier
昨年	l'année dernière
昨年の夏	l'été de l'année dernière
3年前	il y a trois ans

9 〜したことがあります

Je ＋ 動詞の複合過去形 ＋déjà

基本フレーズ

ジュ スィ デジャ アレ オン フロンス
Je suis déjà allé(e) en France.
私はフランスに行ったことがあります。

こんなときに使おう！
「ヨーロッパに行ったことある？」と聞かれて…

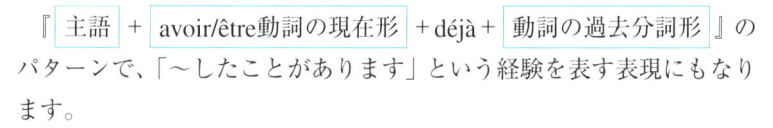

『 主語 ＋ avoir/être動詞の現在形 ＋déjà＋ 動詞の過去分詞形 』のパターンで、「〜したことがあります」という経験を表す表現にもなります。

avoir/être動詞の形は主語によって変わります。

基本パターン

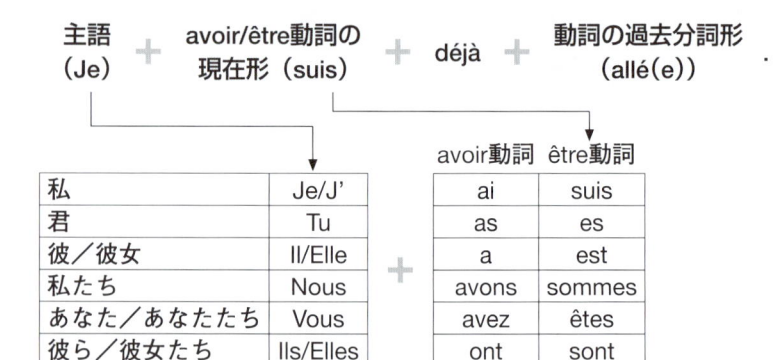

主語（Je） ＋ avoir/être動詞の現在形（suis） ＋ déjà ＋ 動詞の過去分詞形（allé(e)）

私	Je/J'
君	Tu
彼／彼女	Il/Elle
私たち	Nous
あなた／あなたたち	Vous
彼ら／彼女たち	Ils/Elles

avoir動詞	être動詞
ai	suis
as	es
a	est
avons	sommes
avez	êtes
ont	sont

基本パターンで言ってみよう!

Je suis déjà monté(e) dans le TGV.
_{ジュ スィ デジャ モンテ ドン ル テジェヴェ}

TGVに乗ったことがあります。

Je suis déjà descendu(e) dans cet hôtel.
_{ジュ スィ デジャ デソンデュ ドン セッ トテル}

このホテルに泊まったことがあります。

> **ワンポイント** 『descendre』宿泊する

Je suis déjà resté(e) dans une famille française.
_{ジュ スィ デジャ レステ ドン ジュヌ ファミーユ フロンセーズ}

フランスの家族にホームステイしたことがあります。

J'ai déjà mangé du lapin.
_{ジェ デジャ モンジェ デュ ラパン}

ウサギを食べたことがあります。

J'ai déjà travaillé dans une société française.
_{ジェ デジャ トラヴァイェ ドン ジュヌ ソシエテ フロンセーズ}

フランスの会社で働いたことがあります。

J'ai déjà passé le futsuken.
_{ジェ デジャ パセ ル フツケン}

仏検を受けたことがあります。

Ⅰ これだけは!! 絶対覚えたい重要パターン21

応 用

● 否定パターン ●

『déjà』を消して、avoir/être動詞を『ne/n'』と『jamais』ではさむだけ！

主語 + ne/n' + avoir/être動詞の現在形 + jamais + 動詞の過去分詞形

ジュ ヌ スィ ジャメ ザレ オン フロンス
Je ne suis jamais allé(e) en France.
（私はフランスへ行ったことがありません）

イル ネ ジャメ ザレ オン フロンス
Il n'est jamais allé en France.
（彼はフランスへ行ったことがありません）

● 疑問パターン ●

主語とavoir/être動詞を逆にして、その間に『-』をつけるだけ！
基本パターンの前に『Est-ce que』をつけると少し丁寧な雰囲気に！
＊『Est-ce que』をつけるときには、主語とavoir/être動詞を逆にしません。

avoir/être動詞の現在形−主語 + déjà + 動詞の過去分詞形 ?

Est-ce que + 主語 + avoir/être動詞の現在形 + déjà + 動詞の過去分詞形 ?

エ テュ デジャ アレ オン フロンス
Es-tu déjà allé(e) en France ?
（フランスへ行ったことがある？）

答え方
ウィ ジィ スィ ザレ
Oui, j'y suis allé(e). （うん、あるよ）
ノン ジュ ニ スィ パ ザレ
Non, je n'y suis pas allé(e). （いいえ、ないよ）

〜したことがあります／Je＋動詞の複合過去形＋déjà

Est-ce qu'il est déjà allé en France ?
（彼はフランスへ行ったことがありますか？）

答え方
Oui, il y est allé.（はい、あります）
Non, il n'y est pas allé.（いいえ、ありません）

😀 応用パターンで言ってみよう!

Je n'ai jamais mangé d'escargot.
私はエスカルゴを食べたことがありません。

Je n'ai jamais lu de livre en français.
私はフランス語の本を読んだことがありません。

As-tu déjà écouté des chansons de Jacques Brel ?
ジャック・ブレルの歌を聞いたことがある？

As-tu déjà assisté à un mariage en France ?
フランスの結婚式に参加したことがある？

Est-ce que tu as déjà acheté quelque chose sur le Net ?
ネットで何か買ったことがある？

Est-ce que tu es déjà allé(e) au Lido ?
リドに行ったことがある？

> ワンポイント 『Lido』はパリのシャンゼリゼにあるキャバレー。ナイトショーで有名。

Ⅰ これだけは!! 絶対覚えたい重要パターン21

10 ～できます

Je peux ＋ 動詞の原形

基本フレーズ 🎵

ジュ プ ナジェ
Je peux nager.
私は泳げます。

こんなときに使おう！
何ができるかと聞かれて…

『 主語 ＋ pouvoir動詞の現在形 ＋ 動詞の原形 』は、「 主語 は～することができる」という表現です。

pouvoir動詞の形は主語によって変わります。

●基本パターン●

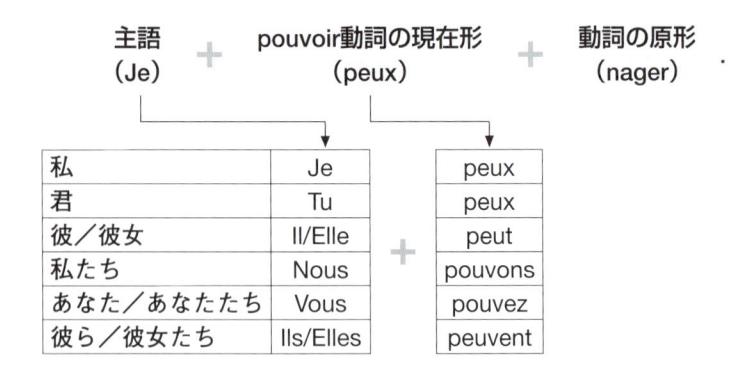

主語　　　＋　　pouvoir動詞の現在形　　＋　　動詞の原形
(Je)　　　　　　　　(peux)　　　　　　　　　　(nager)

私	Je
君	Tu
彼／彼女	Il/Elle
私たち	Nous
あなた／あなたたち	Vous
彼ら／彼女たち	Ils/Elles

＋

peux
peux
peut
pouvons
pouvez
peuvent

基本パターンで言ってみよう!

Je peux tout manger.
ジュ プ トゥ モンジェ

私は全部食べられます。

Je peux rester tout(e) seul(e).
ジュ プ レステ トゥ(トゥ) スル

私は1人で残れます。

Je peux me réveiller tôt.
ジュ プ ム レヴェィエ ト

早起きできるよ。

Je peux bien chanter.
ジュ プ ビヤン ションテ

僕は歌がうまいよ。

Je peux vous aider.
ジュ プ ヴ ゼデ

私はあなたをお手伝いできますよ。

Il peut communiquer avec les animaux.
イル プ コミュニケ アヴェック レ ザニモー

彼は動物たちとコミュニケーションを取ることができます。

Elle peut réparer cet ordinateur.
エル プ レパレ セッ トルディナトゥール

彼女はこのパソコンを修理できます。

応 用

● 否定パターン ●

pouvoir動詞を『ne』と『pas』ではさむだけ！

主語 + **ne** + pouvoir動詞の現在形 + **pas** + 動詞の原形 .

Je ne peux pas nager.（私は泳げません）
ジュ ヌ プ パ ナジェ

Il ne peut pas nager.（彼は泳げません）
イル ヌ プ パ ナジェ

● 疑問パターン ●

主語とpouvoir動詞を逆にして、その間に『-』をつけるだけ！
基本パターンの前に『Est-ce que』をつけると少し丁寧な雰囲気に！
＊『Est-ce que』をつけるときには、主語とpouvoir動詞を逆にしません。

pouvoir動詞の現在形 − 主語 + 動詞の原形 ？

Est-ce que + 主語 + pouvoir動詞の現在形 + 動詞の原形 ？

Peux-tu nager ?（君は泳げる？）
プ テュ ナジェ

　答え方
　Oui, je peux.（うん、泳げるよ）
　ウィ ジュ プ
　Non, je ne peux pas.（いいえ、泳げないよ）
　ノン ジュ ヌ プ パ

〜できます／Je peux＋動詞の原形

Est-ce qu'il peut nager ?（彼は泳げますか？）
<small>エ ス キル プ ナジェ</small>

答え方
Oui, il peut.（はい、泳げます）
<small>ウィ イル プ</small>

Non, il ne peut pas.（いいえ、泳げません）
<small>ノン イル ヌ プ パ</small>

😊 応用パターンで言ってみよう!

Je ne peux pas nager pendant trente minutes.
<small>ジュ ヌ プ パ ナジェ ポンドン トロント ミニュットゥ</small>

30分も泳げないよ。

Je ne peux pas conduire.
<small>ジュ ヌ プ パ コンデュイール</small>

私は運転できません。

Peux-tu parler le français ?
<small>プ テュ パルレ ル フロンセ</small>

フランス語を話せる？

Peux-tu manger avec des baguettes ?
<small>プ テュ モンジェ アヴェック デ バゲットゥ</small>

お箸で食べられる？

Est-ce que tu peux dessiner ?
<small>エ ス ク テュ プ デシネ</small>

絵を描ける？

Est-ce que tu peux jouer du violon ?
<small>エ ス ク テュ プ ジュエ デュ ヴィオロン</small>

バイオリンを弾ける？

11 〜しなければなりません①

Je dois＋動詞の原形

基本フレーズ♪

ジュ　ドワ　ロントレ　シェ　モワ
Je dois rentrer chez moi.
家に帰らなきゃ。

こんなときに使おう!
おいとまする時間がせまってきたので…

『主語 + devoir動詞の現在形 + 動詞の原形』は、「主語は〜しなければならない」という表現です。devoir動詞の形は主語によって変わります。

　同じ「〜しなければなりません」でも、次の12.と違って、個人的な意味で使います。例えば『Je dois réviser pour mon examen.（私は試験のために復習しなければいけません）』と言うと、自分だけがやらなければいけないことを表します。

●基本パターン●

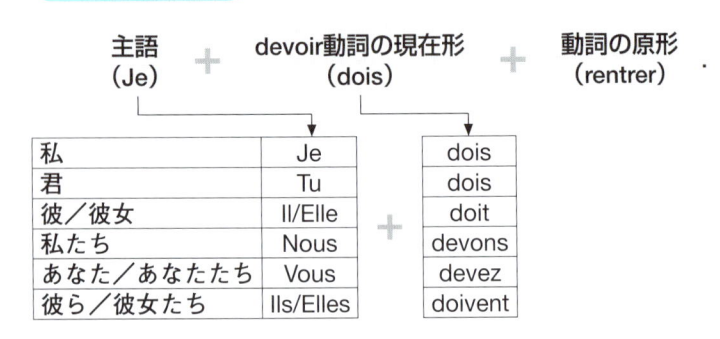

主語 (Je) ＋ devoir動詞の現在形 (dois) ＋ 動詞の原形 (rentrer)

主語	devoir
私	Je	dois
君	Tu	dois
彼／彼女	Il/Elle	doit
私たち	Nous	devons
あなた／あなたたち	Vous	devez
彼ら／彼女たち	Ils/Elles	doivent

基本パターンで言ってみよう!

Je dois aller à la banque.
<small>ジュ ドワ アレ ア ラ ボンク</small>

私は銀行へ行かなくちゃ。

Je dois étudier pour l'examen de biologie.
<small>ジュ ドワ エテュディエ プー レグザマン ドゥ ビオロジ</small>

僕は生物学の試験勉強をしなくちゃ。

Je dois soigner mon rhume.
<small>ジュ ドワ ソワニィエ モン リュム</small>

風邪を治さなくちゃ。

Je dois laisser le dessert.
<small>ジュ ドワ レセ ル デセール</small>

デザートはあきらめなくちゃ。

Je dois penser à mon avenir.
<small>ジュ ドワ ポンセ ア モン ナヴニール</small>

私は自分の将来のことを考えなくては。

Tu dois bien **dormir**.
<small>テュ ドワ ビヤン ドルミール</small>

君はよく寝なくちゃいけないよ。

Tu dois payer encore cinq euros.
<small>テュ ドワ ペイエ オンコー サン キュロ</small>

もうあと5ユーロ払わないと。

Tu dois protéger l'environnement.
<small>テュ ドワ プロテジェ ロンヴィロンヌモン</small>

君は環境を守らなくてはいけないよ。

応　用

●否定パターン●

devoir動詞を『ne』と『pas』ではさむだけ！

主語 ＋ **ne** ＋ **devoir動詞の現在形** ＋ **pas** ＋ **動詞の原形** ．

ジュ　ヌ　ドワ　パ　ロントレ　シェ　モワ
Je ne dois pas rentrer chez moi.

（私は家に帰らなくていい）

イル　ヌ　ドワ　パ　ロントレ　シェ　リュイ
Il ne doit pas rentrer chez lui.

（彼は家に帰らなくていい）

●疑問パターン●

主語とdevoir動詞を逆にして、その間に『-』をつけるだけ！
基本パターンの前に『Est-ce que』をつけると少し丁寧な雰囲気に！
＊『Est-ce que』をつけるときには、主語とdevoir動詞を逆にしません。

devoir動詞の現在形－主語 ＋ **動詞の原形** ？

Est-ce que ＋ **主語** ＋ **devoir動詞の現在形** ＋ **動詞の原形** ？

ドワ　テュ　ロントレ　シェ　トワ
Dois-tu rentrer chez toi ?（家に帰らないといけない？）

　答え方
　ウィ　ジュ　ドワ
　Oui, je dois.（うん、帰らないといけないんだ）
　ノン　ジュ　ヌ　ドワ　パ
　Non, je ne dois pas.（いいえ、帰らなくていいんだ）

～しなければなりません①／Je dois＋動詞の原形

Est-ce qu'il doit rentrer chez lui ?
<small>エ ス キル ドワ ロントレ シェ リュイ</small>

（彼は家に帰らないといけませんか？）

答え方

Oui, il doit.（はい、帰らないといけません）
<small>ウィ イル ドワ</small>

Non, il ne doit pas.（いいえ、帰らなくていいです）
<small>ノン イル ヌ ドワ パ</small>

😃 応用パターンで言ってみよう!

Je ne dois pas faire mes devoirs aujourd'hui.
<small>ジュ ヌ ドワ パ フェール メ ドゥヴォワール オージュルデュイ</small>

今日は宿題をしなくていい。

Tu ne dois pas appeler la police.
<small>テュ ヌ ドワ パ アプレ ラ ポリス</small>

警察を呼ぶ必要はないよ。

Dois-tu finir ce travail aujourd'hui ?
<small>ドワ テュフィニール ス トラヴァィユ オージュルデュイ</small>

今日その仕事を終わらせないといけないの？

Dois-tu téléphoner à ta mère ?
<small>ドワ テュ テレフォネ ア タ メール</small>

お母さんに電話しないといけないの？

Est-ce que tu dois prendre ces médicaments ?
<small>エ ス ク テュ ドワ プロンドル セ メディカモン</small>

この薬を飲まないといけないの？

Est-ce que tu dois y aller en train ?
<small>エ ス ク テュ ドワ イ アレ オン トラン</small>

電車で行かないといけないの？

12 〜しなければなりません②

Il faut ＋ 動詞の原形

基本 フレーズ ♪

イル フォ ディール ラ ヴェリテ
Il faut dire la vérité.
真実を言わなければいけません。

こんなときに使おう!
友達に本当のことを話してもらいたいときに…

『Il faut ＋ 動詞の原形 』は、「〜しなければならない」という表現です。

同じ「〜しなければなりません」でも、前の11.と違って、一般的な意味で使います。例えば『Il faut manger pour vivre.（生きるために食べなければいけません）』と言うと、皆がしなければならないことを表します。

● 基本パターン ●

Il faut ＋ 動詞の原形
　　　　　（dire）

基本パターンで言ってみよう!

イル フォ ス デペシェ
Il faut se dépêcher !

急がなくてはいけません!

イル フォ ペイエ アヴォン ドントレ
Il faut payer avant d'entrer.

入る前にお金を払わなくてはいけません。

ワンポイント 『avant de＋ 動詞の原形 』 ～する前に

イル フォ レステ トロンキール
Il faut rester tranquille.

静かにしていなければいけません。

イル フォ シュィヴル セット アヴェニュ ジュスカ ラ ポスト
Il faut suivre cette avenue jusqu'à la poste.

郵便局までこの並木道を進まなくてはいけません。

イル フォ エタンドル ヴォトル シギャレット
Il faut éteindre votre cigarette.

タバコの火を消さなくてはいけません。

イル フォ アタシェ ヴォトル ソンチュー ドゥ セキュリテ
Il faut attacher votre ceinture de sécurité.

シートベルトを締めなければいけません。

イル フォ レスペクテ レ トラディション
Il faut respecter les traditions.

伝統を大切にしなければいけません。

イル フォ ディミニュエ レ デポンス
Il faut diminuer les dépenses.

出費を減らさなくてはいけません。

ワンポイント 『diminuer』減らす

応 用

●否定パターン●

fautを『ne』と『pas』ではさむだけ！

Il + **ne** + faut + **pas** + 動詞の原形 .

イル ヌ フォ パ ディール ラ ヴェリテ
Il ne faut pas dire la vérité. （真実を言ってはいけません）

●疑問パターン●

ilとfautを逆にして、その間に『-』をつけるだけ！
基本パターンの前に『Est-ce qu'』をつけると少し丁寧な雰囲気に！
＊『Est-ce qu'』をつけるときには、主語とfalloir動詞を逆にしません。

Faut-il + 動詞の原形 ？

Est-ce qu' + il + faut

フォティル ディール ラ ヴェリテ
Faut-il dire la vérité ? （真実を言わないといけない？）

答え方
ウィ イル フォ
Oui, il faut. （うん、言わないといけないよ）
ノン イル ヌ フォ パ
Non, il ne faut pas. （いいえ、言わなくていいよ）

〜しなければなりません②／Il faut＋動詞の原形

<small>エ ス キル フォ ディール ラ ヴェリテ</small>
Est-ce qu'il faut dire la vérité ?

（真実を言わなければいけませんか？）

答え方
<small>ウィ イル フォ</small>
Oui, il faut.（はい、言わなくてはいけません）
<small>ノン イル ヌ フォ パ</small>
Non, il ne faut pas.（いいえ、言わなくていいです）

😊 応用パターンで言ってみよう!

<small>イル ヌ フォ パ フュメ ドン レ リュー ピュブリック</small>
Il ne faut pas fumer dans les lieux publics.

公共の場で、タバコを吸ってはいけません。

<small>イル ヌ フォ パ マルシェ シュー レ プルーズ</small>
Il ne faut pas marcher sur les pelouses.

芝の上を歩いてはいけません。

<small>フォティル ス ラヴェ レ マン アヴォン ドゥ モンジェ</small>
Faut-il se laver les mains avant de manger ?

食べる前に手を洗わないといけませんか？

<small>フォティル ス フェール ヴァクシネ コントル ラ グリップ</small>
Faut-il se faire vacciner contre la grippe ?

インフルエンザの予防注射をしないといけませんか？

<small>エ ス キル フォ オンルヴェ セ ショッシュール アヴォン ドントレ</small>
Est-ce qu'il faut enlever ses chaussures avant d'entrer ?

上がる前に、靴を脱がないといけませんか？

<small>エ ス キル フォ レセ サ プラス オ ペルソン ザジェ</small>
Est-ce qu'il faut laisser sa place aux personnes âgées ?

席をお年寄りに譲らないといけませんか？

Ⅰ これだけは!! 絶対覚えたい重要パターン21

13 ～したいです

Je veux ＋ 動詞の原形

基本フレーズ ♪

Je veux manger français.
ジュ ヴ モンジェ フロンセ
フランス料理が食べたいな。

こんなときに使おう!
友人と会ったときに「何がしたい？」と聞かれて…

『 主語 ＋ vouloir動詞の現在形 ＋ 動詞の原形 』は、「 主語 は～したい」という表現です。

vouloir動詞の形は主語によって変わります。

● 基本パターン ●

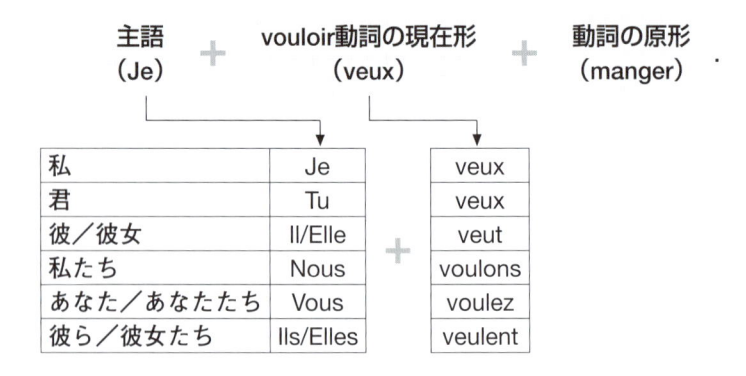

主語 (Je) ＋ vouloir動詞の現在形 (veux) ＋ 動詞の原形 (manger)

私	Je
君	Tu
彼／彼女	Il/Elle
私たち	Nous
あなた／あなたたち	Vous
彼ら／彼女たち	Ils/Elles

＋

veux
veux
veut
voulons
voulez
veulent

基本パターンで言ってみよう!

Je veux faire les magasins.
ジュ ヴ フェール レ マガザン

買い物に行きたいな。

> **ワンポイント** 『faire les magasins』買い物をする

Je veux rester à la maison.
ジュ ヴ レステ ア ラ メゾン

家にいたいの。

Je veux aller au cinéma.
ジュ ヴ アレ オ シネマ

映画を観にいきたいな。

Je veux étudier le français.
ジュ ヴ エテュディエ ル フロンセ

フランス語を勉強したい。

Je veux faire le tour du monde.
ジュ ヴ フェール ル トゥール デュ モンド

世界一周旅行がしたい。

> **ワンポイント** 『faire le tour du monde』世界一周旅行をする

Je veux perdre du poids.
ジュ ヴ ペルドル デュ ポワ

痩せたいの。

応用

●否定パターン●

vouloir動詞を『ne』と『pas』ではさむだけ！

主語 + ne + vouloir動詞の現在形 + pas + 動詞の原形 .

ジュ ヌ ヴ パ モンジェ フロンセ
Je ne veux pas manger français.
（私はフランス料理を食べたくない）

イル ヌ ヴ パ モンジェ フロンセ
Il ne veut pas manger français.
（彼はフランス料理を食べたがっていない）

●疑問パターン●

　主語とvouloir動詞を逆にして、その間に『-』をつけるだけ！
基本パターンの前に『Est-ce que』をつけると少し丁寧な雰囲気に！
＊『Est-ce que』をつけるときには、主語とvouloir動詞を逆にしません。

vouloir動詞の現在形ー主語 + 動詞の原形 ?

Est-ce que + 主語 + vouloir動詞の現在形 + 動詞の原形 ?

ヴ テュ モンジェ フロンセ
Veux-tu manger français ?（フランス料理が食べたい？）

答え方
ウィ ジュ ヴ
Oui, je veux.（うん、食べたいよ）
ノン ジュ ヌ ヴ パ
Non, je ne veux pas.（いいえ、食べたくないよ）

～したいです／Je veux＋動詞の原形

Est-ce qu'il veut manger français ?
（エ ス キル ヴ モンジェ フロンセ）

（彼はフランス料理を食べたがっていますか？）

答え方
Oui, il veut.（ウィ イル ヴ）（はい、食べたがっています）
Non, il ne veut pas.（ノン イル ヌ ヴ パ）（いいえ、食べたがっていません）

😀 応用パターンで言ってみよう!

Je ne veux pas manger de poisson.
（ジュ ヌ ヴ パ モンジェ ドゥ ポワソン）

魚は食べたくない。

Je ne veux pas être en retard.
（ジュ ヌ ヴ パ ゼトル オン ルタール）

遅刻したくない。

ワンポイント　『être en retard』遅刻する

Veux-tu rencontrer des Français ?
（ヴ テュ ロンコントレ デ フロンセ）

フランス人に会ってみたい？

Veux-tu m'inviter ce soir ?
（ヴ テュ マンヴィテ ス ソワール）

今夜、誘ってくれる？

Est-ce que tu veux prendre le train ou le bus ?
（エ ス ク テュ ヴ プロンドル ル トラン ウ ル ビュス）

電車かバス、どっちに乗りたい？

Est-ce que tu veux faire la queue pendant deux heures ?
（エ ス ク テュ ヴ フェール ラ ク ポンドン ドゥ ズール）

2時間も並びたい？

ワンポイント　『faire la queue』並ぶ

Ⅰ　これだけは!! 絶対覚えたい重要パターン21

14 〜があります

Il y a 〜

基本フレーズ

Il y a un parc.
（イリヤ アン パルク）
公園があります。

こんなときに使おう！
道案内で目印を教えるときに…

『Il y a 〜』は、「〜があります」という表現です。〜には名詞がきます。

また、〜に人を表す名詞がくると、「〜がいます」という意味になります。

基本パターン

Il y a ＋ 名詞（un parc）．

基本パターンで言ってみよう!

Il y a un bon restaurant.
いいレストランがあります。

Il y a une place libre.
空席があります。

Il y a une station de métro.
地下鉄の駅があるよ。

Il y a un Mac Do.
マクドナルドがあるよ。

Il y a deux hôpitaux dans ce quartier.
この地域には病院が2つあります。

Il y a beaucoup d'acteurs au Festival de Cannes.
カンヌ映画祭には俳優がたくさんいます。

Il y a des photographes.
写真家たちがいます。

Il y a beaucoup d'étrangers à Paris.
パリにはたくさんの外国人がいます。

応用

● 否定パターン ●

y a を『n'』と『pas』ではさむだけ！

$$\boxed{\text{Il n'y a pas}} \; + \; 名詞 \; .$$

イル ニ ヤ パ ドゥ パルク
Il n'y a pas de parc. （公園はありません）

● 疑問パターン ●

基本パターンの前に『Est-ce qu'』をつけるだけ！

$$\boxed{\text{Est-ce qu'}} \; + \; il \; y \; a \; + \; 名詞 \; ?$$

エ ス キ リ ヤ アン パルク
Est-ce qu'il y a un parc ? （公園はありますか？）

答え方

ウィ イ リ ヤ アン パルク
Oui, il y a un parc. （はい、ありますよ）

ノン イル ニ ヤ パ ドゥ パルク
Non, il n'y a pas de parc. （いいえ、ありません）

~があります／Il y a~

😊 応用パターンで言ってみよう!

イル ニ ヤ パ ル クール ドゥ ムッシュー ラトリー
Il n'y a pas le cours de Monsieur Latry.

ラトリー先生の授業はありません。

イル ニ ヤ パ ドゥ プラス リーブル
Il n'y a pas de place libre.

空席はありません。

イル ニ ヤ パ ドゥ プロブレム
Il n'y a pas de problème.

問題ありません。

イル ニ ヤ パ アセ ドゥ トン
Il n'y a pas assez de temps.

十分な時間がありません。

ワンポイント 『assez de ～』十分な～

イル ニ ヤ パ ドゥ リュミエール イシ
Il n'y a pas de lumière ici.

ここは光が入ってきません。

エ ス キ リ ヤ ユヌ ピシヌ
Est-ce qu'il y a une piscine ?

プールはありますか？

I これだけは!! 絶対覚えたい重要パターン21

15 〜は何ですか？

Quel est 〜 ?

基本フレーズ

Quel est le plat du jour ?
（ケ　レ　ル　プラ　デュ　ジュール）
本日のメニューは何ですか？

こんなときに使おう！
食事をしに入ったカフェで…

『Quel est 〜 ?』『Quels sont 〜 ?』は、「〜は何ですか？」という表現です。

〜には名詞がきます。

『Quel est 〜 ?』と聞かれたら、『C'est 〜』と答えます。

『Quels sont 〜 ?』と聞かれたら、『Ce sont 〜』と答えます。

●基本パターン●

| Quel/Quelle
Quels/Quelles | ＋ | est
sont | ＋ | 名詞の単数形
名詞の複数形 | ？ |

基本パターンで言ってみよう!

Quel est ton numéro de portable ?
(ケ レ トン ニュメロ ドゥ ポルターブル)

携帯の番号は何番？

Quel est votre passe-temps favori ?
(ケ レ ヴォトル パス トン ファヴォリ)

ご趣味は何ですか？

Quel est ton rêve ?
(ケ レ トン レーヴ)

君の夢は何？

Quel est le mot de passe de cet ordinateur ?
(ケ レ ル モ ドゥ パス ドゥ セッ トルディナトゥール)

このパソコンのパスワードって何？

ワンポイント 『le mot de passe』パスワード

Quelle est votre adresse ?
(ケ レ ヴォトル ラドレス)

あなたの住所は何ですか？

Quelle est la différence entre les deux ?
(ケ レ ラ ディフェロンス オントル レ ドゥ)

これら2つの間の違いって何だろう？

Quelles sont les nouvelles d'aujourd'hui ?
(ケル ソン レ ヌヴェル ドージュルデュイ)

今日のニュースは何ですか？

応 用

● 応用パターン1 ●

どんな…を～しますか？

Quel ＋ 名詞 ＋ 主語 ＋ 動詞の現在形 ？

応用パターンで言ってみよう!

Quel acteur tu aimes ?
ケ　ラクトゥール　テュ　エーム

どんな俳優が好き？

Quel endroit tu visites ?
ケ　ロンドロワ　テュ　ヴィジットゥ

どんな場所に行く？

Quelle série tu regardes ?
ケル　セリ　テュ　ルギャルドゥ

どんなドラマを観る？

● 応用パターン2 ●

どんな…を～しましたか？

Quel ＋ 名詞 ＋ 主語 ＋ avoir/être動詞の現在形 ＋ 動詞の過去分詞形 ？

～は何ですか？／Quel est ～ ?

応用パターンで言ってみよう!

<small>ケル　フィルム テュ ア　ルギャルデ</small>
Quel film tu as regardé ?

どんな映画を観た？

<small>ケル　リーヴル テュ ア リュ</small>
Quel livre tu as lu ?

どんな本を読んだ？

<small>ケル　　シャンソン　テュ ア　エクテ</small>
Quelle chanson tu as écouté ?

どんな歌を聞いたの？

●その他の応用パターン●

何を～していますか？

Qu'est-ce que ＋ 主語 ＋ être動詞の現在形 ＋ en train de ＋ 動詞の原形 ？

応用パターンで言ってみよう!

<small>ケ　ス　ク　テュ エ オン トラン ドゥ フェール</small>
Qu'est-ce que tu es en train de faire ?

何をしているの？

<small>ケ　ス　ク　テュ エ オン トラン ドゥ ディール</small>
Qu'est-ce que tu es en train de dire ?

何のことを言っているの？

<small>ケ　ス　ク　テュ エ オン トラン ドゥ ポンセ</small>
Qu'est-ce que tu es en train de penser ?

何を考えているの？

16 どちらが〜?

Lequel est 〜 ?

基本フレーズ

Lequel est bon marché ?
（ルケ レ ボン マルシェ）
どちらがお買い得ですか？

こんなときに使おう!
どちらが安いのかを店員に尋ねるときに…

『Lequel est 〜 ?』『Lequels sont 〜 ?』は、「どちらが〜ですか？」という表現です。

〜には名詞または形容詞がきます。

『Lequel est 〜 ?』と聞かれたら、『C'est 〜』と答えます。

『Lesquels sont 〜 ?』と聞かれたら、『Ce sont 〜』と答えます。

基本パターン

| Lequel/Laquelle
Lesquels/Lesquelles | ＋ | est
sont | ＋ | 名詞・形容詞の単数形
名詞・形容詞の複数形 | ？ |

基本パターンで言ってみよう!

Lequel est votre fils ?
ルケ レ ヴォトル フィス
どちらがあなたの息子さんですか？

Laquelle est ta petite amie ?
ラケ レ タ プティ タミ
どっちが君の恋人だい？

Laquelle est plus chère ?
ラケ レ プリュ シェール
どちらがより高いですか？

Lequel est moins sucré ?
ルケ レ モワン シュクレ
どちらがより甘くないですか？

Lequel est plus efficace pour le régime ?
ルケ レ プリュ ゼフィキャス プール レジム
どちらがダイエットに効きますか？

Lequel est le jus de pomme ?
ルケ レ ル ジュ ドゥ ポム
どっちがリンゴジュースなんだい？

Lesquels sont les jeans pour enfants ?
レケル ソン レ ジーン プー オンファン
どれが子供用のジーンズですか？

応 用

● 応用パターン1 ●

どちらを〜しますか？

Lequel ＋ 主語 ＋ 動詞の現在形 ？

😊 応用パターンで言ってみよう!

Lequel tu choisis ?
ルケル テュ ショワジ

どっちを選ぶ？

Lequel tu aimes ?
ルケル テュ エーム

どっちが好き？

Lequel tu veux manger ?
ルケル テュ ヴ モンジェ

どっちを食べたい？

● 応用パターン2 ●

どちらを〜したのですか？

Lequel ＋ 主語 ＋ avoir/être動詞の現在形 ＋ 動詞の過去分詞形 ？

どちらが〜？／Lequel est 〜 ?

😃 応用パターンで言ってみよう!

Lequel tu as acheté ?
ルケル テュ ア アシュテ
どっちを買った？

Lequel tu as lu ?
ルケル テュ ア リュ
どっちを読んだ？

Lequel tu as commandé ?
ルケル テュ ア コモンデ
どっちを注文した？

● 応用パターン3 ●

どちらを〜するつもりですか？

Lequel ＋ 主語 ＋ aller動詞の現在形 ＋ 動詞の原形 ?

＊『aller動詞の現在形＋動詞の原形』は、「〜するつもりだ」という意味で、近い未来に行う予定があることを表します。

😃 応用パターンで言ってみよう!

Lequel tu vas boire ?
ルケル テュ ヴァ ボワール
どっちを飲むつもり？

Lequel tu vas écouter ?
ルケル テュ ヴァ エクテ
どっちを聞くつもり？

Lequel tu vas me prêter ?
ルケル テュ ヴァ ム プレテ
どっちを貸してくれるつもり？

17 〜は誰?

Qui est 〜 ?

基本フレーズ

<ruby>Qui<rt>キ</rt></ruby> <ruby>est<rt>エ</rt></ruby> <ruby>cette<rt>セット</rt></ruby> <ruby>jeune<rt>ジュンヌ</rt></ruby> <ruby>fille<rt>フィーユ</rt></ruby> <ruby>là<rt>ラ</rt></ruby>-<ruby>bas<rt>バ</rt></ruby> ?
あそこの若い女性は誰ですか？

こんなときに使おう!

気になる女性を見かけたときに…

『Qui est（sont）〜 ?』は、「〜は誰ですか？」という表現です。
『Qui est（sont）〜 ?』と聞かれたら、『C'est（Ce sont）〜』と答えます。
〜には人を表す名詞がきます。

● 基本パターン ●

Qui ＋ est / sont ＋ 名詞の単数形 / 名詞の複数形 ?

基本パターンで言ってみよう!

Qui est-ce ?
どなたですか？

Qui est Takuma ?
タクマって誰だい？

Qui est le responsable ?
ここの責任者は誰ですか？

Qui est l'auteur de ce livre ?
この本の著者は誰ですか？

Qui est votre supérieur ?
あなたの上司はどなたですか？

Qui est ton joueur de football favori ?
君のお気に入りのサッカー選手って誰？

Qui est le professeur de biologie ?
生物学の先生は誰ですか？

Qui est votre patron maintenant ?
今、あなたの会社の社長はどなたですか？

応 用

●応用パターン1●

誰が〜しますか？

Qui ＋ 動詞の現在形 ？

😀 応用パターンで言ってみよう!

Qui vient ce soir ?
キ ヴィヤン ス ソワール

誰が今夜来るの？

Qui veut parler ?
キ ヴ パルレ

誰が話したいの？

Qui joue du piano ?
キ ジュ デュ ピアノ

誰がピアノを弾くの？

●応用パターン2●

誰が〜しましたか？

Qui ＋ avoir/être動詞の現在形 ＋ 動詞の過去分詞形 ？

～は誰？／Qui est ～ ?

😀 応用パターンで言ってみよう!

Qui est parti ?
キ エ パルティ

誰が行ったの？

Qui a téléphoné ?
キ ア テレフォネ

誰が電話したの？

Qui a annulé ?
キ ア アニュレ

誰がキャンセルしたの？

● 応用パターン3 ●

誰が〜するつもりですか？

Qui ＋ aller動詞の現在形 ＋ 動詞の原形 ？

😀 応用パターンで言ってみよう!

Qui va participer ?
キ ヴァ パルティシペ

誰が参加するつもりなの？

Qui va conduire ?
キ ヴァ コンデュイール

誰が運転するつもりなの？

Qui va boire ?
キ ヴァ ボワール

誰が飲むつもりなの？

18 〜はいつ?

Quand est 〜 ?

基本フレーズ

カン テ ヴォトル アニヴェルセール
Quand est votre anniversaire ?
あなたのお誕生日はいつですか？

こんなときに使おう!
誕生日を聞きたいときに…

『Quand est（sont）〜 ?』は、「〜はいつですか？」という表現です。

『Quand est（sont）〜 ?』と聞かれたら、『C'est demain.（明日です）』や『C'est dimanche.（日曜日です）』などのように答えます。

〜には名詞がきます。

基本パターン

Quand ＋ est / sont ＋ 名詞の単数形 / 名詞の複数形 ?

基本パターンで言ってみよう!

Quand est l'anniversaire de Thomas ?
トーマスの誕生日はいつですか？

Quand est le dernier métro ?
最終の地下鉄はいつですか？

Quand est la prochaine leçon de piano ?
次のピアノのレッスンはいつですか？

Quand est le rendez-vous chez le coiffeur ?
美容院の予約はいつですか？

Quand est leur cérémonie de mariage ?
彼らの結婚式はいつですか？

Quand est le prochain match contre Madrid ?
対マドリッドの次の試合っていつなの？

> ワンポイント 『contre』〜に対する

Quand sont les soldes dans ce grand magasin ?
そのデパートでは、いつがバーゲンですか？

Quand sont les prochaines élections ?
次の選挙はいつですか？

応 用

●応用パターン1●

いつ〜しますか？

Quand ＋ 主語 ＋ 動詞の現在形 ？

応用パターンで言ってみよう!

Quand tu dînes ?
カン テュ ディヌ
いつ夕食を食べるの？

Quand tu cuisines ?
カン テュ キュイジヌ
いつ料理をするの？

Quand tu reviens ?
カン テュ ルヴィヤン
いつ戻ってくるの？

●応用パターン2●

いつ〜しましたか？

Quand ＋ 主語 ＋ avoir/être動詞の現在形 ＋ 動詞の過去分詞形 ？

〜はいつ？／Quand est 〜？

応用パターンで言ってみよう!

Quand tu as révisé ?
カン テュ ア レヴィゼ
いつ復習したの？

Quand tu as lu ?
カン テュ ア リュ
いつ読んだの？

Quand tu as dormi ?
カン テュ ア ドルミ
いつ寝たの？

●応用パターン3●

いつ〜するつもりですか？

Quand ＋ 主語 ＋ aller動詞の現在形 ＋ 動詞の原形 ？

応用パターンで言ってみよう!

Quand tu vas écrire ?
カン テュ ヴァ エクリール
いつ書くつもり？

Quand tu vas passer l'examen ?
カン テュ ヴァ パセ レグザマン
いつ試験を受けるつもり？

Quand tu vas voyager à Paris ?
カン テュ ヴァ ヴォヤジェ ア パリ
いつパリへ旅行するつもり？

⚠️ これも知っておこう！ ——日時を表す単語

【月】

1月	janvier	7月	juillet
2月	février	8月	août
3月	mars	9月	septembre
4月	avril	10月	octobre
5月	mai	11月	novembre
6月	juin	12月	décembre

【日】

1日	le premier	11日	le onze	21日	le vingt et un
2日	le deux	12日	le douze	22日	le vingt-deux
3日	le trois	13日	le treize	23日	le vingt-trois
4日	le quatre	14日	le quatorze	24日	le vingt-quatre
5日	le cinq	15日	le quinze	25日	le vingt-cinq
6日	le six	16日	le seize	26日	le vingt-six
7日	le sept	17日	le dix-sept	27日	le vingt-sept
8日	le huit	18日	le dix-huit	28日	le vingt-huit
9日	le neuf	19日	le dix-neuf	29日	le vingt-neuf
10日	le dix	20日	le vingt	30日	le trente
				31日	le trente et un

～はいつ？／Quand est ～ ?

【曜日】

月曜日	lundi
火曜日	mardi
水曜日	mercredi
木曜日	jeudi
金曜日	vendredi
土曜日	samedi
日曜日	dimanche

【その他】

おととい	avant-hier
昨日	hier
今日	aujourd'hui
明日	demain
あさって	après-demain
先週	la semaine dernière
今週	cette semaine
来週	la semaine prochaine
先月	le mois dernier
今月	ce mois-ci
来月	le mois prochain
午前中	dans la matinée
午後	dans l'après-midi

19 ～はどこ？

Où est ～ ?

基本 フレーズ

Où est mon passeport ?
（ウ エ モン パスポール）
私のパスポートはどこ？

こんなときに使おう！
パスポートが見当たらないときに…

『Où est（sont）～ ?』は、「～はどこですか？」という表現です。

『Où est（sont）～ ?』と聞かれたら、『C'est à Paris.（パリにあります）』や『C'est au deuxième étage.（2階にあります）』などのように答えます。

～には名詞がきます。

●基本パターン●

Où + est / sont + 名詞の単数形 / 名詞の複数形 ?

基本パターンで言ってみよう!

Où est la gare de Lyon ?
ウ エ ラ ギャール ドゥ リヨン

リヨン駅はどこですか？

Où est l'hôpital le plus proche ?
ウ エ ロピタル ル プリュ プロシュ

一番近い病院はどこですか？

> **ワンポイント** 『le plus proche』一番近い

Où est l'autobus pour Paris ?
ウ エ ロトビュス プー パリ

パリ行きのバスはどちらでしょうか？

Où est la sortie ?
ウ エ ラ ソルティ

出口はどこですか？

Où est la caisse ?
ウ エ ラ ケス

会計レジはどこですか？

Où est le guichet ?
ウ エ ル ギシェ

窓口はどこですか？

Où est Naoko ?
ウ エ ナオコ

ナオコさんはどこ？

Où sont les toilettes ?
ウ ソン レ トワレット

お手洗いはどちらでしょうか？

応用

●応用パターン1●

どこで（に）〜しますか？

$$Où + 主語 + 動詞の現在形 ?$$

応用パターンで言ってみよう!

Où tu habites ?
ウ テュ アビットゥ

どこに住んでいるの？

Où tu travailles ?
ウ テュ トラヴァィユ

どこで働いているの？

Où tu vas ?
ウ テュ ヴァ

どこへ行くの？

〜はどこ？／Où est 〜 ?

● 応用パターン2 ●

どこで（に）〜しましたか？

Où ＋ 主語 ＋ avoir/être動詞の現在形 ＋ 動詞の過去分詞形 ？

応用パターンで言ってみよう!

Où tu t'es promené(e) ?
ウ テュ テ プロムネ

どこで散歩したの？

Où tu l'as acheté(e) ?
ウ テュ ラ アシュテ

どこでそれを買ったの？

Où tu es resté(e) ?
ウ テュ エ レステ

どこに泊まったの？

20 どうして〜？

Pourquoi 〜 ?

基本フレーズ 🎵

Pourquoi vous dites ça ?
（プルクワ ヴ ディットゥ サ）
どうしてそれを言うの？

こんなときに使おう！
言われたくないことを言われて…

『Pourquoi + 主語 + 動詞の現在形 ?』は、「主語 はどうして〜するのですか？」「主語 はなぜ〜するのですか？」と、理由を尋ねる表現です。

『Pourquoi ?（なぜ？）』だけでもよく使います。

『Pourquoi 〜 ?』と聞かれたら、『Parce que 〜』で答えます。

● 基本パターン ●

Pourquoi ＋ 主語 ＋ 動詞の現在形 ?

基本パターンで言ってみよう!

Pourquoi il est en retard ?
なぜ彼は遅れているの？

> **ワンポイント** 『être en retard』遅れている

答え方　Parce qu'il y a des embouteillages.
交通渋滞しているからだよ。

Pourquoi tu ne me crois pas ?
なぜ私を信じてくれないの？

答え方　Parce que tu mens tout le temps.
いつも君はウソをついているからだよ。

Pourquoi tu n'es pas content(e) ?
なぜ嬉しくないの？

答え方　Parce que les prix ont encore augmenté.
値段がまた上がったからだよ。

Pourquoi vous êtes en colère ?
なぜあなたは怒っているのですか？

> **ワンポイント** 『être en colère』怒っている

答え方　Parce que mon mari est encore rentré ivre.
旦那がまた酔っぱらって遅く帰ってきたからです。

応 用

● 応用パターン ●

どうして～したのですか？

Pourquoi ＋ 主語 ＋ avoir/être動詞の現在形 ＋ 動詞の過去分詞形 ？

😊 応用パターンで言ってみよう!

ブルクワ テュ ア ショワジ ル フロンセ
Pourquoi tu as choisi le français ?

どうしてフランス語を選んだの？

　　答え方　Parce que j'aime la France.
　　　　　　パス ク ジェーム ラ フロンス

　　　　　フランスが好きだからだよ。

ブルクワ テュ ネ パ ヴニュ
Pourquoi tu n'es pas venu(e) ?

どうして来なかったの？

　　答え方　Parce que j'étais fatigué(e).
　　　　　　パス ク ジェテ ファティゲ

　　　　　疲れていたから。

ブルクワ テュ エ プレセ
Pourquoi tu es pressé(e) ?

どうして急いでいるの？

　　答え方　Parce que tout le monde attend.
　　　　　　パス ク トゥ ル モン ダトン

　　　　　みんなが待っているから。

どうして〜？／Pourquoi 〜 ?

Ⅰ これだけは!! 絶対覚えたい重要パターン21

21 どうやって〜？

Comment 〜 ?

基本フレーズ

Comment tu rentres ?
コモン　テュ　ロントル
どうやって帰るの？

こんなときに使おう！
帰る手段を聞かれて…

『Comment 〜 ?』は、「どうやって〜？」という表現です。

『Comment』には、手段・方法の「どうやって」のほか、状態の「どのように」、調子の「どう」という意味もあります。

基本パターン

Comment ＋ 主語 ＋ 一般動詞の現在形 ？

基本パターンで言ってみよう!

Comment tu te sens ?
コモン　テュ トゥ　ソン

気分はどう？

答え方　Très bien.
　　　　トレ　ビヤン

　　　　とても元気だよ。

Comment tu viens jusqu'ici ?
コモン　テュ ヴィヤン ジュスクィッシ

どうやってここまで来るの？

答え方　En taxi.
　　　　オン タクシ

　　　　タクシーで来るよ。

これも知っておこう! ——交通手段

『Comment + 主語 + 一般動詞 ?』は、「どうやって（何で）〜？」という意味もあります（2つめの例文参照）。

特に、乗り物の話をするときに使います。この場合、答えは『En + 乗り物 .』だけで通じます。

例えば、『En avion.（飛行機で）』『En taxi.（タクシーで）』『En bus.（バスで）』『En train.（電車で）』『En métro.（地下鉄で）』『En voiture.（車で）』のように言います。

応用

● 応用パターン ●

どうやって（どのように）〜したのですか？

Comment ＋ 主語 ＋ avoir/être動詞の現在形 ＋ 動詞の過去分詞形 ？

応用パターンで言ってみよう！

コモン テュ ア ペイエ
Comment tu as payé ?

どうやって払ったの？

答え方　オン ネスペス
En espèce.

現金でだよ。

コモン テュ ア レユシ ア フィニール ス トラヴァイュ ア トン
Comment tu as réussi à finir ce travail à temps ?

どうやってこの仕事に間に合ったの？

答え方　ジェ ドゥモンデ ア アン プロフェショネル
J'ai demandé à un professionnel.

プロに頼んだからだよ。

コモン ヴ ヴ ゼット ロンコントレ
Comment vous vous êtes rencontré(e)s ?

あなた方はどうやって知り合ったのですか？

ワンポイント 『se rencontrer』〜と知り合う、〜と出会う

答え方　バー アザール ドン ラ リュ
Par hasard, dans la rue.

道で、偶然にだよ。

どうやって〜？／Comment 〜 ?

さらに応用

●Combien 〜 ? （いくらですか）

Combien c'est ?
コンビヤン　セ

いくらですか？

　　答え方　C'est cinq cents yens.
　　　　　　セ　サン　ソン　イェン

　　　　　　500円です。

Combien coûte cette montre ?
コンビヤン　クートゥ　セット　モントル

この時計はいくらですか？

　　答え方　Elle coûte huit mille yens.
　　　　　　エル　クートゥ　ユィ　ミル　イェン

　　　　　　8,000円です。

●Combien de 〜 ? （いくつですか）

Combien de tomates voulez-vous ?
コンビヤン　ドゥ　トマットゥ　ヴレ　ヴ

トマトは何個いりますか？

　　答え方　J'en veux trois.
　　　　　　ジョン　ヴ　トロワ

　　　　　　3つほしいのですが。

Combien de personnes viennent à son mariage ?
コンビヤン　ドゥ　ペルソン　ヴィエンヌ　タ　ソン　マリアージュ

彼女の結婚パーティに何人来ますか？

　　答え方　Environ quatre-vingts.
　　　　　　オンヴィロン　キャトル　ヴァン

　　　　　　約80人です。

I これだけは!! 絶対覚えたい重要パターン21

Partie II

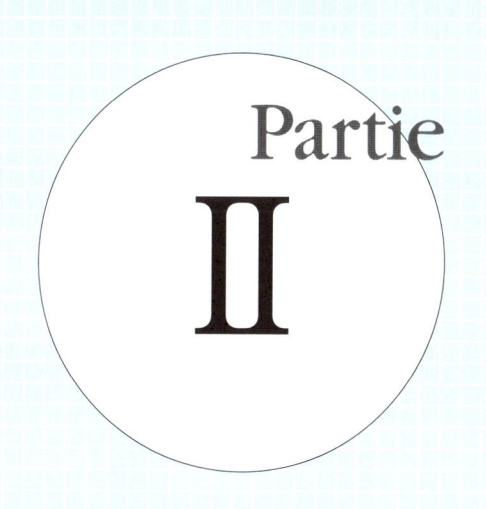

使える!
頻出パターン 51

22 ～をいただきたいのですが

Je voudrais ～

基本フレーズ

Je voudrais un couteau.
ジュ ヴドレ アン クトー
ナイフをいただきたいのですが。

こんなときに使おう!
食事中にナイフを持ってきてもらうときに…

『Je voudrais ～』は、『Je veux ～（～がほしい）』の丁寧バージョンです。～には名詞がきます。

『Je veux ～』は、友だちなど親しい人に対して使いますが、『Je voudrais ～』は初対面やあまり親しくない人、目上の人に対して使います。レストランや店などで「～をいただきたいのですが」と言うようなときによく使います。

基本パターン

Je voudrais ＋ 名詞 .

基本パターンで言ってみよう!

Je voudrais un plan de Paris.
ジュ ヴドレ アン プロン ドゥ パリ
パリの地図がほしいのですが。

～をいただきたいのですが／Je voudrais ～

Je voudrais un paquet de Marlboro, s'il vous plaît.
ジュ　ヴドレ　アン　パケ　ドゥ　マルボロ　シル　ヴ　プレ

マルボロを1箱ほしいのですが。

> **ワンポイント** 文章の後ろにs'il vous plaîtをつけると、より丁寧な表現になります。

Je voudrais deux sandwichs au jambon et au fromage.
ジュ　ヴドレ　ドゥ　サンドウィッチ　オ　ジャンボン　エ　オ　フロマージュ

ハムとチーズのサンドイッチを2つください。

Je voudrais un menu cheeseburger, à emporter.
ジュ　ヴドレ　アン　ムニュ　チーズバーガー　ア　オンポルテ

チーズバーガーセットを1つ、持ち帰りでお願いします。

> **ワンポイント** 『à emporter』持ち帰りの

Je voudrais un kir royal, s'il vous plaît.
ジュ　ヴドレ　アン　キー　ロワイヤル　シル　ヴ　プレ

キール・ロワイヤルを1ついただけますか。

Je voudrais une fourchette.
ジュ　ヴドレ　ユヌ　フォルシェット

フォークがほしいのですが。

Je voudrais trois billets pour adulte.
ジュ　ヴドレ　トロワ　ビエ　プー　アデュルト

チケット大人3枚ください。

Je voudrais une place côté couloir.
ジュ　ヴドレ　ユヌ　プラス　コテ　クルワール

通路側の席をお願いします。

> **ワンポイント** 『côté couloir』通路側の（⇔『côté fenêtre』窓側の）

23 ～したいのですが

Je voudrais ～

基本フレーズ

Je voudrais goûter ce gâteau.
（ジュ ヴドレ グテー ス ギャトー）
このお菓子を食べてみたいのですが。

こんなときに使おう！
おいしそうなお菓子を見つけて…

『Je voudrais ～』は、『Je veux ～（～したい）』の丁寧バージョンです。

前の22.と同様、初対面やあまり親しくない人、目上の人に対しては、『Je veux ～』ではなく、『Je voudrais ～』を使いましょう。～には、動詞の原形がきます。

22.との使い分けは、物がほしいときには『Je voudrais ＋ 名詞 』、動作をしたいときには『Je voudrais ＋ 動詞の原形 』となります。

基本パターン

Je voudrais ＋ 動詞の原形 ．

~したいのですが／Je voudrais ~

基本パターンで言ってみよう!

Je voudrais téléphoner au Japon.
ジュ ヴドレ テレフォネ オ ジャポン

日本に電話をかけたいのですが。

Je voudrais aller à la pharmacie.
ジュ ヴドレ アレ ア ラ ファルマシ

薬局へ行きたいのですが。

Je voudrais acheter une robe bleue.
ジュ ヴドレ アシュテ ユヌ ロブ ブル

青色のワンピースが買いたいのですが。

Je voudrais essayer de faire du pain.
ジュ ヴドレ エセイエ ドゥ フェール デュ パン

パン作りに挑戦してみたいです。

Je voudrais vous voir ce soir.
ジュ ヴドレ ヴ ヴォワール ス ソワール

今夜あなたにお会いしたいのですが。

Je voudrais réserver deux places.
ジュ ヴドレ レゼルヴェ ドゥ プラス

2名分の席を予約したいのですが。

Je voudrais essayer ces chaussures.
ジュ ヴドレ エセイェ セ ショッシュール

この靴を試着したいのですが。

Je voudrais parler avec Kyoko.
ジュ ヴドレ パルレ アヴェック キョウコ

（電話で）キョウコさんと話したいのですが。

24 ～してほしいな

Je veux que ～

基本フレーズ 🎵

ジュ ヴ ク テュ アシェット デュ パン
Je veux que tu achètes du pain.
パンを買ってほしいな。

こんなときに使おう！
「買ってきてほしいものはある?」と聞かれて…

『Je veux que + 主語 + 動詞の接続法現在形 』は、「 主語 に～してほしいな」と何かをお願いするときに使う表現です。

『Je veux que ～』の代わりに『Je voudrais que ～』と言うと、丁寧な表現になります。

● 基本パターン ●

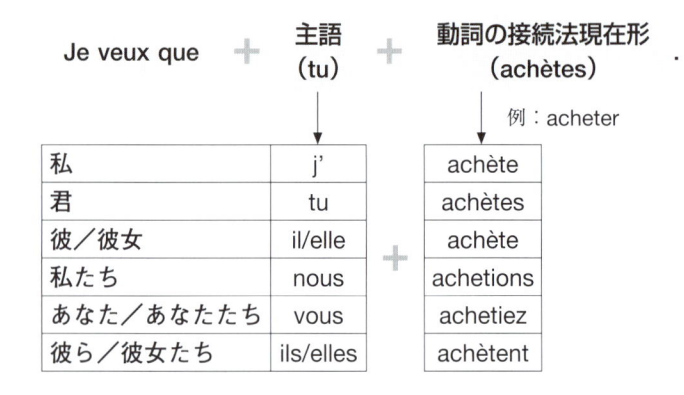

Je veux que ＋ 主語(tu) ＋ 動詞の接続法現在形（achètes）

例：acheter

	主語	動詞
私	j'	achète
君	tu	achètes
彼／彼女	il/elle	achète
私たち	nous	achetions
あなた／あなたたち	vous	achetiez
彼ら／彼女たち	ils/elles	achètent

~してほしいな／Je veux que ~

基本パターンで言ってみよう!

Je veux que tu viennes à dix heures.
<ruby>ジュ ヴ ク テュ ヴィエンヌ ア ディ ズール</ruby>

10時に来てほしいな。

Je veux que tu fasses la vaisselle.
<ruby>ジュ ヴ ク テュ ファス ラ ヴェッセル</ruby>

洗い物やってほしいな。

> **ワンポイント** 『faire la vaisselle』洗い物をする

Je veux qu'il sorte la poubelle.
<ruby>ジュ ヴ キル ソルト ラ プベル</ruby>

ごみを出してほしいな。

Je veux que tu finisses tes légumes.
<ruby>ジュ ヴ ク テュ フィニス テ レギューム</ruby>

野菜を食べてほしいな。

Je veux que tu t'habilles correctement.
<ruby>ジュ ヴ ク テュ タビーユ コレクトモン</ruby>

ちゃんとした服を着てほしいの。

Je veux que tu m'embrasses.
<ruby>ジュ ヴ ク テュ マンブラス</ruby>

キスしてほしいの。

25 〜はいかがですか?

Voudriez-vous 〜 ?

基本フレーズ

Voudriez-vous un dessert ?
ヴドリエ　ヴ　アン　デセール
デザートはいかがですか？

こんなときに使おう!
食後のデザートを勧めるときに…

『Voudriez-vous 〜 ?』は『Veux-tu 〜 ?（〜がほしい？）』の丁寧バージョンで、何かを勧めるときや要望を聞くときに使います。〜には、名詞がきます。

初対面やあまり親しくない人、目上の人に対しては、『Voulez-vous 〜 ?（〜がほしいですか？）』よりさらに丁寧な『Voudriez-vous 〜 ?』を使いましょう。

『Voudriez-vous 〜 ?』と聞かれたら、『Oui, s'il vous plaît.（はい、お願いします）』や『Non merci.（いいえ、結構です）』などと答えます。

基本パターン

Voudriez-vous ＋ 名詞 ?

〜はいかがですか？／Voudriez-vous 〜？

基本パターンで言ってみよう！

Voudriez-vous du sucre ?
お砂糖はいかがですか？

Voudriez-vous du roquefort ?
ロックフォール（青カビチーズ）はいかがですか？

Voudriez-vous un film japonais ?
日本映画はいかがですか？

Voudriez-vous une aspirine ?
アスピリンはいかがですか？

Voudriez-vous un plan de métro ?
地下鉄路線図はいかがですか？

Voudriez-vous des escargots de Bourgogne ?
ブルゴーニュ産のエスカルゴはいかがですか？

Voudriez-vous un digestif ?
食後酒はいかがですか？

Voudriez-vous une autre tasse de café ?
もう1杯コーヒーはいかがですか？

ワンポイント 『une autre tasse de 〜』もう1杯の〜

26 〜なさいませんか？

Voudriez-vous 〜 ?

基本フレーズ

ヴドリエ　ヴ　ヴ　プロムネ　アヴェック　モワ
Voudriez-vous vous promener avec moi ?
私と一緒に散歩しませんか？

こんなときに使おう!
散歩に誘うときに…

『Voudriez-vous 〜 ?』は、『Veux-tu 〜 ?（〜したい？）』の丁寧バージョンで、何かをすることを勧めるときや要望を聞くときに使います。〜には、動詞の原形がきます。

『Voudriez-vous 〜 ?』と聞かれたら、『Oui, avec plaisir.（ええ、ぜひ）』『Non merci.（いいえ、結構です）』などと答えましょう。

25.との使い分けは、物をほしいかどうかを尋ねるときには『Voudriez-vous + 名詞 ?』、動作をしたいかどうかを尋ねるときには『Voudriez-vous + 動詞の原形 ?』となります。

基本パターン

Voudriez-vous ＋ 動詞の原形　?

～なさいませんか？／Voudriez-vous ～ ?

基本パターンで言ってみよう!

Voudriez-vous prendre des photos avec nous ?
ヴドリエ ヴ プロンドル デ フォト アヴェック ヌ
私たちと一緒に写真を撮りませんか？

Voudriez-vous rester ici avec nous ?
ヴドリエ ヴ レステ イシ アヴェック ヌ
私たちと一緒にここに残りませんか？

Voudriez-vous demander à Monsieur Kobayashi ?
ヴドリエ ヴ ドゥモンデ ア ムッシュー コバヤシ
小林氏に聞いてみませんか？

Voudriez-vous fouiner au marché ?
ヴドリエ ヴ フイネール オ マルシェ
マルシェへ何か探しにいきませんか？

Voudriez-vous aller à la brasserie « La Classe » ?
ヴドリエ ヴ アレ ア ラ ブラッスリー ラ クラス
ブラッスリー「ラ・クラス」へ行きませんか？

Voudriez-vous boire quelque chose ?
ヴドリエ ヴ ボワール ケルク ショーズ
何かお飲みになりませんか？

27 〜したらどう?

Pourquoi ne pas 〜 ?

基本フレーズ

プルクワ　ヌ　パ　ションジェ　ドゥ　コワフール
Pourquoi ne pas changer de coiffure ?
髪型を変えたらどうですか？

こんなときに使おう!
友人のボサボサ頭を見て…

『Pourquoi ne pas 〜 ?』は、「〜したらどう？」と相手に何かを促す表現です。何かをアドバイスするときなどに使います。

〜には、動詞の原形がきます。

『Pourquoi ne pas 〜 ?』と聞かれたら、『Avec plaisir.（いいね）』『Non merci.（やめておきます）』などと答えましょう。

●基本パターン●

Pourquoi ne pas ＋ 動詞の原形 ?

〜したらどう？／Pourquoi ne pas 〜 ?

基本パターンで言ってみよう！

プルクワ　ヌ　バ　レデ
Pourquoi ne pas l'aider ?

彼を助けてあげたらどうですか？

プルクワ　ヌ　バ　ゼセイェ　ドゥ　フェール　サ
Pourquoi ne pas essayer de faire ça ?

それを試しにやってみたらどうですか？

プルクワ　ヌ　バ　ザプロンドル　ラルモン
Pourquoi ne pas apprendre l'allemand ?

ドイツ語を勉強したらどうですか？

プルクワ　ヌ　バ　リール　ル　モッドゥ　ダンプロワ　ダボール
Pourquoi ne pas lire le mode d'emploi d'abord ?

最初に使用説明書を読んだらどうかしらね？

> ワンポイント 『le mode d'emploi』使用説明書

プルクワ　ヌ　バ　ザシュテ　ユヌ　マシヌ　ア　ラヴェ
Pourquoi ne pas acheter une machine à laver ?

洗濯機を買ったらどうですか？

> ワンポイント 『une machine à laver』洗濯機

プルクワ　ヌ　バ　トラヴァィェ　ア　ミ　トン
Pourquoi ne pas travailler à mi-temps ?

パートタイムで働いたらどうですか？

> ワンポイント 『à mi-temps』パートタイムで（⇔『à plein temps』フルタイムで）

プルクワ　ヌ　バ　ザレ　ラ　ヴォワール
Pourquoi ne pas aller la voir ?

彼女に会いにいったらどう？

28 〜しよう！

〜ons !

基本フレーズ

Allons à Starbucks !
アロン ア スターバックス

さぁ、スターバックスへ行きましょう！

こんなときに使おう!

「ひと息つきに行こうよ！」と誘うときに…

『 命令法の〜ons形 』は、「〜しよう」と誘う表現です。

『〜ons』には、一方的なニュアンスがありますので、相手の気持ちを尊重しながら誘いたいときには、『Voudriez-vous 〜 ?(〜なさいませんか？)』や『Nous pourrions 〜 ? (〜しましょうか？)』を使いましょう。

『Voudriez-vous 〜 ?』や『Nous pourrions 〜 ?』の場合、〜には動詞の原形がきます。

また、『〜ons !』と言われたときには、『Oui, avec plaisir.（ええ、ぜひ）』『C'est une bonne idée.（いい案だね）』『Non merci.（やめておくよ）』『Non, je ne veux pas.（やりたくないよ）』などと答えます。

● 基本パターン ●

命令法の〜ons形　！

~しよう！／~ons！

基本パターンで言ってみよう!

Mangeons au restaurant !
（モンジョン オ レストロン）
レストランで食べましょう！

Regardons un film !
（ルギャルドン アン フィルム）
映画を観ましょう！

Visitons un musée !
（ヴィジトン アン ミュゼ）
美術館へ行きましょう！

Voyageons en France !
（ヴォワヤジョン オン フロンス）
フランスへ旅行しましょう！

Étudions le français !
（エテュディオン ル フロンセ）
フランス語を勉強しましょう！

Faisons des crêpes !
（フゾン デ クレップ）
クレープを作りましょう！

Buvons du vin !
（ビュヴォン デュ ヴァン）
ワインを飲みましょう！

Achetons du pain et du fromage !
（アシュトン デュ パン エ デュ フロマージュ）
パンとチーズを買いましょう！

II 使える！頻出パターン51

29 〜だと思うよ

Je pense que 〜

基本フレーズ

ジュ　ポンス　ク　セ　デュ　キャナール
Je pense que c'est du canard.
それは鴨だと思うよ。

こんなときに使おう!
何の種類の肉かを尋ねられて…

『Je pense que + 主語 + 動詞 』は、「 主語 は〜すると思います」という表現で、自分の意見を言うときに使います。

基本パターン

Je pense que ＋ 主語 ＋ 動詞 .

~だと思うよ／Je pense que ~

基本パターンで言ってみよう!

Je pense que c'est rare.
ジュ ポンス ク セ ラール

それは珍しいと思うよ。

Je pense que tu as tort.
ジュ ポンス ク テュ ア トール

間違っていると思うよ。

Je pense que tu devrais prendre ton parapluie.
ジュ ポンス ク テュ ドゥヴレ プロンドル トン パラプリュイ

傘を持ったほうがいいと思うよ。

Je pense que tu seras à l'heure.
ジュ ポンス ク テュ スラ ア ルール

間に合うと思うよ。

ワンポイント 『être à l'heure』間に合う

Je pense que ce film sera amusant.
ジュ ポンス ク ス フィルム スラ アミュゾン

この映画はおもしろいと思うよ。

Je pense que ton travail est trop ennuyeux.
ジュ ポンス ク トン トラヴァイユ エ トロ ポンニュィユ

君の仕事はつまらなすぎると思うよ。

Je pense que tu devrais faire plus d'efforts.
ジュ ポンス ク テュ ドゥヴレ フェール プリュス デフォール

もっと努力したほうがいいと思うよ。

30 〜だといいな

J'espère que 〜

基本フレーズ

<ruby>J'espère<rt>ジェスペール</rt></ruby> <ruby>qu'il<rt>キル</rt></ruby> <ruby>viendra<rt>ヴィヤンドラ</rt></ruby> <ruby>demain<rt>ドゥマン</rt></ruby>.

J'espère qu'il viendra demain.
明日彼が来るといいな。

こんなときに使おう！
休みがちな彼を心配して…

『J'espère que + 主語 + 動詞 』は、「 主語 が〜するといいのだけど」と、希望を表す表現です。
「 主語 ＝自分」の場合は、『J'espère + 動詞の原形 』とも言えます。

基本パターン

J'espère que ＋ 主語 ＋ 動詞 ．

~だといいな／J'espère que ~

基本パターンで言ってみよう!

J'espère que tu vas bien.
元気だといいんだけど。

J'espère que tu m'aideras un peu.
少し手伝ってくれると嬉しいなぁ。

J'espère qu'il fera beau demain.
明日晴れるといいなぁ。

J'espère que ce n'est pas un film d'horreur...
ホラー映画じゃないといいんだけど…。

ワンポイント 『film d'horreur』ホラー映画

J'espère que ce chapeau te va bien.
この帽子が、君に似合うといいな。

ワンポイント 『aller bien』似合う

J'espère qu'elle n'a plus de fièvre...
彼女の熱がもうなければいいんだけど…。

J'espère que mon père n'est plus en colère...
お父さんがもう怒っていないといいんだけど…。

31 前は〜だったよ

J'avais l'habitude de 〜

基本フレーズ

ジャヴェ　ラビチュドゥ　ドゥ　ジュエ　ドゥ ラ　ギタール
J'avais l'habitude de jouer de la guitare.
前はギターを弾いていたよ。

こんなときに使おう！
「楽器を弾ける？」と聞かれて…

『J'avais l'habitude de ＋ 動詞の原形 』は、「以前は〜だった」という表現です。

「今は違うけど、前は〜だった」と言いたいときに使う表現です。

● 基本パターン ●

J'avais l'habitude de ＋ 動詞の原形 .

前は〜だったよ／J'avais l'habitude de 〜

基本パターンで言ってみよう!

J'avais l'habitude de rester à Marseille.

前はマルセイユに滞在していました。

J'avais l'habitude d'aller à la messe.

以前はミサに行っていました。

J'avais l'habitude de coudre.

以前は裁縫をしていました。

J'avais l'habitude de faire le régime.

以前、ダイエットをしていました。

J'avais l'habitude d'aller au bowling.

前はボーリングに行っていました。

J'avais l'habitude d'écouter souvent de la musique classique.

前はよくクラシック音楽を聴いていました。

ワンポイント 『souvent』よく、しばしば

J'avais l'habitude d'étudier tard le soir.

以前は夜遅くまで勉強していました。

J'avais l'habitude d'aller souvent à la campagne.

以前はよく田舎へ行っていました。

32 〜させて

Laisse-moi 〜

基本フレーズ

レス　モワ　フェール　スラ　トゥ（トゥ）　スゥル
Laisse-moi faire cela tout(e) seul(e) !
1人でやらせて！

こんなときに使おう!
集中して仕事をしたいときに…

『Laisse-moi +　動詞の原形　』は、「〜させて」と許可を求める表現です。

「〜させてもらえますか？」と相手の意向を聞くというよりは、「〜させて」と一方的に言うニュアンスがあります。

● 基本パターン ●

Laisse-moi　＋　動詞の原形　．

~させて／Laisse-moi~

😊 基本パターンで言ってみよう！

Laisse-moi réfléchir.
考えさせて。

Laisse-moi tout expliquer.
全部説明させて。

Laisse-moi photocopier tes notes.
君のメモをコピーさせて。

Laisse-moi t'aider.
手伝わせて。

Laisse-moi faire la vaisselle.
お皿洗いさせて。

Laisse-moi m'asseoir à côté de toi.
横に座らせて。

Laisse-moi lui téléphoner.
彼女に電話させて。

Laisse-moi tranquille !
私のことは放っておいて！

33 〜をありがとう

Merci pour 〜

基本フレーズ

Merci pour le cadeau !
（メルシ プール カドー）
プレゼントをありがとう！

こんなときに使おう！
プレゼントをもらってお礼を言うときに…

『Merci.』は「ありがとう」ですが、「〜をありがとう」は『Merci pour 〜』となります。

〜には、名詞がきます。

『Merci pour 〜』と言われたら、『Je vous en prie.（どういたしまして）』『De rien.（いいんですよ）』などと答えましょう。

● 基本パターン ●

Merci pour ＋ 名詞 .

~をありがとう／Merci pour ~

基本パターンで言ってみよう!

Merci pour le bouquet de roses !
メルシ　プー　ル　ブケ　ドゥ　ローズ

バラの花束をありがとう！

Merci pour le vin !
メルシ　プー　ル　ヴァン

ワインをありがとう！

Merci pour la carte de Noël !
メルシ　プー　ラ　カルトゥ　ドゥ　ノエル

クリスマスカードをありがとう！

Merci pour ton mél !
メルシ　プー　トン　メル

メールをありがとう！

Merci pour tout !
メルシ　プー　トゥ

いろいろありがとう！

Merci beaucoup pour votre carte d'invitation.
メルシ　ボクー　プー　ヴォトル　カルトゥ　ダンヴィタシオン

招待状をありがとうございます。

Merci beaucoup pour cette opportunité extraordinaire !
メルシ　ボクー　プー　セッ　トポテュニテ　エクストラオルディネール

素晴らしい機会をありがとうございます！

34 ～してごめんね

Je suis désolé(e) de ～

基本フレーズ

Je suis désolé(e) d'être en retard.
ジュ スィ デゾレ デトル オン ルタール

遅れてごめんなさい。

こんなときに使おう!

待ち合わせの時間に遅れてしまったときに…

『Je suis désolé(e) de ＋ 動詞の原形 』は、「～してごめんね」という表現です。

過去にしてしまったことに対して謝るときには、『Je suis désolé(e) de ＋ avoir/être動詞 ＋ 動詞の過去分詞形 』となります。

同じ謝るときでも、人にぶつかったときなどには、『Excusez-moi.（すみません）』と言います。

『Je suis désolé(e).』と謝られたときには、『Ça va.（いいんですよ）』などと言いましょう。

基本パターン

Je suis désolé(e) de ＋ 動詞の原形 ．

avoir/être動詞 ＋ 動詞の過去分詞形 ．

~してごめんね／Je suis désolé(e) de ~

基本パターンで言ってみよう!

Je suis désolé(e) de tant demander.
たくさんお願いをしてごめんなさい。

ワンポイント 『tant』非常にたくさん

Je suis désolé(e) de vous presser.
急がせてごめんなさい。

Je suis désolé(e) de me plaindre.
愚痴をこぼしてごめんなさい。

Je suis désolé(e) d'avoir oublié ton DVD.
君のDVDを忘れちゃってごめんね。

Je suis désolé(e) d'avoir été si méchant(e).
ひどいことをしてしまってごめんなさい。

ワンポイント 『méchant(e)』意地悪な

35 そんなに〜じゃないよ

Ce n'est pas si 〜

基本フレーズ

Ce n'est pas si dur.
ス ネ パ シ デュール

そんなに難しくないよ。

こんなときに使おう！

問題が思ったよりも簡単だったので…

『Ce n'est pas si + 形容詞 』は、「そんなに〜じゃない」という表現です。

Ceのほかに、人や物事を主語に持ってくることもできます。

基本パターン

Ce n'est pas si ＋ 形容詞 .

そんなに〜じゃないよ／Ce n'est pas si 〜

基本パターンで言ってみよう!

Ce n'est pas si compliqué.
（ス ネ パ シ コンプリケ）

そんなに複雑じゃありませんよ。

Ce n'est pas si lourd.
（ス ネ パ シ ルール）

そんなに重くありません。

Ce n'est pas si cher.
（ス ネ パ シ シェール）

そんなに高くないわね。

Elle n'est pas si méchante.
（エル ネ パ シ メシャントゥ）

彼女はそんなに意地悪じゃないよ。

Il n'est pas si jeune.
（イル ネ パ シ ジュンヌ）

彼はそんなに若くないよ。

Je ne suis pas si mince.
（ジュ ヌ スィ パ シ マンス）

私そんなに痩せてないです。

Mon mari n'est pas si romantique.
（モン マリ ネ パ シ ロモンティック）

私の旦那はそんなにロマンチックじゃないわよ。

36 ～すぎるよ

C'est trop ～

基本フレーズ

C'est trop sucré.
（セ　トロ　シュクレ）
これは甘すぎるよ。

こんなときに使おう！
ひどく甘いコーヒーを口にして…

『C'est trop ＋ 形容詞 』は、「～すぎる」という表現です。少しネガティブな表現です。

基本パターン

C'est trop ＋ 形容詞 ．

~すぎるよ／C'est trop ~

基本パターンで言ってみよう!

C'est trop facile.
セ　トロ　ファシール

それは簡単すぎるよ。

C'est trop tard.
セ　トロ　タール

遅すぎるよ。

C'est trop grand.
セ　トロ　グロン

大きすぎるよ。

C'est trop cher pour moi.
セ　トロ　シェール　プー　モワ

それは私にとっては高すぎます。

C'est trop ennuyeux.
セ　トロ　ボンニュイユー

それはつまらなすぎる。

C'est trop gras.
セ　トロ　グラ

それは脂っこすぎる。

C'est trop vulgaire.
セ　トロ　ヴュルゲール

それは下品すぎるよ。

C'est trop bruyant ici.
セ　トロ　ブリュイヨン　イシ

ここはうるさすぎるね。

37 〜しないの？

Tu ne ＋ 動詞の現在形 ＋ pas ?

基本フレーズ

Tu ne danses pas ?
テュ ヌ ドンス パ

踊らないの？

こんなときに使おう!

パーティで、1人で座っている友達に…

『Tu ne ＋ 動詞の現在形 ＋pas ?』は、「〜しないの？」という表現です。

『Tu ne 〜 pas ?』と聞かれて、「〜するよ」と言う時には『Si.』、「〜しないよ」と言うときには『Non.』と答えます。

基本パターン

Tu ne ＋ 動詞の現在形 ＋ pas ?

~しないの？／Tu ne＋動詞の現在形＋pas ?

基本パターンで言ってみよう!

Tu ne fais pas la cuisine ?
テュ ヌ フェ パ ラ キュイジヌ

お料理はしないの？

Tu ne conduis pas ?
テュ ヌ コンデュイ パ

運転はしないの？

Tu ne joues pas aux cartes avec nous ?
テュ ヌ ジュ パ オ キャルトゥ アヴェック ヌ

一緒にトランプやらないの？

Tu ne prends pas l'autobus ?
テュ ヌ プロン パ ロトビュス

バスに乗らないの？

Tu ne viens pas avec moi ?
テュ ヌ ヴィヤン パ アヴェック モワ

一緒に来ないの？

Tu ne bois pas ?
テュ ヌ ボワ パ

飲まないの？

Tu ne participes pas ?
テュ ヌ パルティシプ パ

参加しないの？

Tu ne nages pas ?
テュ ヌ ナジュ パ

泳がないの？

38 ～しなかったの？

Tu ne ＋ 動詞の複合過去形 ＋pas ?

基本フレーズ

Tu n'as pas dit la vérité ?
テュ ナ パ ディ ラ ヴェリテ
真実を話さなかったの？

こんなときに使おう！
何かを隠している相手に…

『Tu ne ＋ 動詞の複合過去形 ＋ pas ?』は、37.の過去バージョンで、「～しなかったの？」という表現です。

『Tu ne ＋ 動詞の複合過去形 ＋ pas ?』と聞かれて、「～したよ」と言うときは『Si.』、「～しなかったよ」と言うときは『Non.』と答えます。

基本パターン

Tu ne ＋ avoir/être動詞の現在形 ＋ pas ＋ 動詞の過去分詞形 ？

～しなかったの？／Tu ne＋動詞の複合過去形＋pas？

基本パターンで言ってみよう!

Tu n'as pas bien dormi ?
テュ ナ パ ビヤン ドルミ

あまり眠れなかったの？

Tu n'as pas demandé la spécialité du chef ?
テュ ナ パ ドゥモンデ ラ スペシアリテ デュ シェフ

シェフのオススメ料理を頼まなかったの？

Tu n'as pas expliqué comment faire ?
テュ ナ パ エクスプリケ コモン フェール

どうやってやるのか説明しなかったの？

> ワンポイント 『comment faire』どのようにする

Tu n'as pas fait tes devoirs ?
テュ ナ パ フェ テ ドゥヴォワール

宿題やってないの？

Tu ne m'as pas écouté(e) ?
テュ ヌ マ パ ゼクテ

私の言うことを聞いてなかったの？

Tu n'as pas donné la clé à Miki ?
テュ ナ パ ドネ ラ クレ ア ミキ

ミキに鍵を渡さなかったの？

Tu n'as pas acheté les œufs ?
テュ ナ パ ザシュテ レ ズー

卵を買ってこなかったの？

Tu n'as rien payé hier ?
テュ ナ リヤン ペィエ イエール

昨日全然払わなかったの？

39 〜するつもりです

J'ai l'intention de 〜

基本 フレーズ

J'ai l'intention d'aller à Toulouse.
ジェ　ラントンシォン　ダレ　ア　トゥールーズ

私はトゥールーズへ行くつもりです。

こんなときに使おう！

「どこかへ行くつもり？」と聞かれて…

　『J'ai l'intention de ＋ 動詞の原形 』は、「〜するつもりです」と、予定や計画を表す表現です。

　また、「〜しないつもりです」の場合は『J'ai l'intention de ne pas ＋ 動詞の原形 』を使いましょう。

　例えば、『J'ai l'intention de ne pas aller à Toulouse.（私はトゥールーズへ行かないつもりです）』のように言います。

● 基本パターン ●

J'ai l'intention de ＋ 動詞の原形 ．

~するつもりです／J'ai l'intention de ~

基本パターンで言ってみよう!

<ruby>ジェ</ruby> <ruby>ラントンシォン</ruby> <ruby>ドゥ</ruby> <ruby>ディール ラ ヴェリテ ア</ruby> <ruby>マキ</ruby>
J'ai l'intention de dire la vérité à Maki.

私はマキに本当のことを話すつもりです。

ジェ ラントンシォン ドゥ ショワジール オントル レ ドゥー
J'ai l'intention de choisir entre les deux.

僕は2つのうちのどちらかに決めるつもりです。

ジェ ラントンシォン ドゥ デメナジェ
J'ai l'intention de déménager.

私は引っ越すつもりです。

ジェ ラントンシォン ドゥ ダプロンドル ル フロンセ
J'ai l'intention d'apprendre le français.

フランス語を勉強するつもりです。

ジェ ラントンシォン ドゥ ペイエ オン リキッド
J'ai l'intention de payer en liquide.

現金で支払うつもりです。

ワンポイント 『en liquide』現金で

ジェ ラントンシォン ドゥ ラトンドル ジュスカ ミニュイ
J'ai l'intention de l'attendre jusqu'à minuit.

私は真夜中まで彼女を待つつもりです。

ジェ ラントンシォン ドゥ トゥルヴェ ユヌ ソリュシォン
J'ai l'intention de trouver une solution.

私は解決方法を見つけるつもりです。

ジェ ラントンシォン ドゥ バットル モン ナドヴェルセール オ テニス
J'ai l'intention de battre mon adversaire au tennis.

僕はテニスで相手を破るつもりです。

40 〜するはずでした

Je devais 〜

基本フレーズ

ジュ ドゥヴェ フィニール ス トラヴァイュ アヴォン ミディ
Je devais finir ce travail avant midi.
私はこの仕事を昼までに終わらせるはずでした。

こんなときに使おう!
仕事が終わっているかどうかを聞かれて…

『 主語 + devoir動詞の半過去形 + 動詞の原形 』は、「 主語 は〜するはずだった」という表現です。

devoir動詞の形は主語によって変わります。

● 基本パターン ●

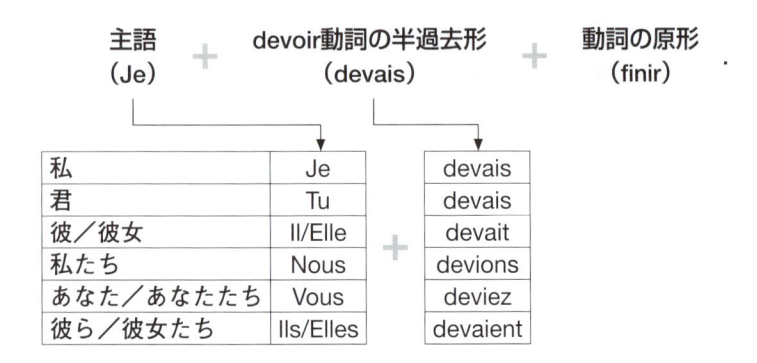

主語 (Je) + devoir動詞の半過去形 (devais) + 動詞の原形 (finir)

私	Je	devais
君	Tu	devais
彼／彼女	Il/Elle	devait
私たち	Nous	devions
あなた／あなたたち	Vous	deviez
彼ら／彼女たち	Ils/Elles	devaient

～するはずでした／Je devais ～

基本パターンで言ってみよう!

Je devais être professeur d'histoire.
ジュ ドゥヴェ ゼトル プロフェッスー ディストワール
私は歴史の先生になるはずでした。

Je devais voyager en Europe.
ジュ ドゥヴェ ヴォワヤジェ オン ユロップ
僕はヨーロッパ旅行に行くはずでした。

Je devais me marier avec elle...
ジュ ドゥヴェ ム マリエ アヴェッ ケル
僕は彼女と結婚するはずだったのに…。

Je devais rentrer chez moi.
ジュ ドゥヴェ ロントレ シェ モワ
家に帰っているはずでした。

Je devais nettoyer la maison ce week-end.
ジュ ドゥヴェ ネトワイエ ラ メゾン ス ウィークエン
今週末は家の掃除をするはずでした。

Il devait succéder à son père.
イル ドゥヴェ シュクセデ ア ソン ペール
彼は父親の跡を継ぐはずでした。

ワンポイント 『succéder à ～』～の跡を継ぐ

Tu devais maigrir, n'est-ce pas ?
テュ ドゥヴェ メグリール ネ ス パ
痩せているはずじゃなかった？

ワンポイント 文章の後ろに『, n'est-ce pas ?（～だよね？）』をつけると、「～するはずだったよね？」という、相手を少し責めるような表現になります。

Tu devais cesser de fumer, n'est-ce pas ?
テュ ドゥヴェ セセー ドゥ フュメ ネ ス パ
禁煙するはずじゃなかった？

41 〜すればよかった

J'aurais dû 〜

基本 フレーズ 🎵

J'aurais dû demander un thé.
(ジョレ デュ ドゥモンデ アン テ)
紅茶を頼めばよかった。

こんなときに使おう!
間違えてエスプレッソを頼んでしまった後で…

『J'aurais dû + 動詞の原形 』は、「〜すればよかった」と、してしまったことを後悔しているときに使います。場合によっては、人を責めたいときも使います。

● 基本パターン ●

J'aurais dû ＋ 動詞の原形 .

~すればよかった／J'aurais dû~

基本パターンで言ってみよう!

J'aurais dû plus étudier.
<ジョレ デュ プリュ セテュディエ>

たくさん勉強すればよかった。

J'aurais dû acheter autre chose.
<ジョレ デュ アシュテ オートル ショーズ>

違うものを買えばよかった。

J'aurais dû aller au grand magasin.
<ジョレ デュ アレ オ グロン マガザン>

デパートに行けばよかった。

J'aurais dû dire « au revoir ».
<ジョレ デュ ディール オ ルヴォワール>

「サヨナラ」って言えばよかった。

J'aurais dû prendre le RER.
<ジョレ デュ プロンドル ル エールウーエール>

RERに乗ればよかった。

ワンポイント　『RER』首都圏高速鉄道（＝Réseau Express Régional）

J'aurais dû rentrer plus tôt.
<ジョレ デュ ロントレ プリュ ト>

もっと早く帰ればよかった。

J'aurais dû refuser cette offre.
<ジョレ デュ ルフュゼ セッ トフル>

この申し出は断ればよかった。

42 〜するかもしれない

Peut-être que 〜

基本フレーズ

Peut-être que le prof ne viendra pas.
プ テートル ク ル プロフ ヌ ヴィヤンドラ パ

先生は来ないかもしれないよ。

こんなときに使おう!

先生が休みだと他の友達から聞いて…

『Peut-être que + 主語 + 動詞 』は、「 主語 は〜するかもしれない」と推測する表現です。確信が持てないときに使います。

基本パターン

Peut-être que ＋ 主語 ＋ 動詞 .

~するかもしれない／Peut-être que ~

基本パターンで言ってみよう!

Peut-être que je suis enrhumé(e).
風邪をひいたかもしれません。

Peut-être que j'ai trop mangé hier soir.
昨日の夜、食べすぎたかもしれない。

Peut-être qu'on se reverra bientôt.
近いうちにまたお目にかかるかもしれません。

> **ワンポイント**　『bientôt』近いうちに

Peut-être qu'il a raté l'express.
彼は急行電車に乗り遅れたかもしれない。

Peut-être que ce problème n'est pas si grave.
この問題はそんなに重大ではないのかもしれない。

> **ワンポイント**　『ne ~ si』そんなに~ない

Peut-être que le prix des légumes va augmenter.
野菜の値段が上がるかもしれません。

Peut-être qu'il ne m'aime plus.
彼はもう私のこと好きじゃないのかもしれない。

43 〜するはずだよ

Tu devrais 〜

基本フレーズ

テュ　ドゥヴレ　　ビヤント　　アリヴェ
Tu devrais bientôt arriver.
まもなく着くはずだよ。

こんなときに使おう!
迷っている友達に電話で道案内しながら…

『 主語 + devoir動詞の条件法現在形 + 動詞の原形 』は、「主語は〜するはずだ」という表現です。

会話の中で、確実に言えないけれどたぶん〜するだろう、というときに使います。

基本パターン

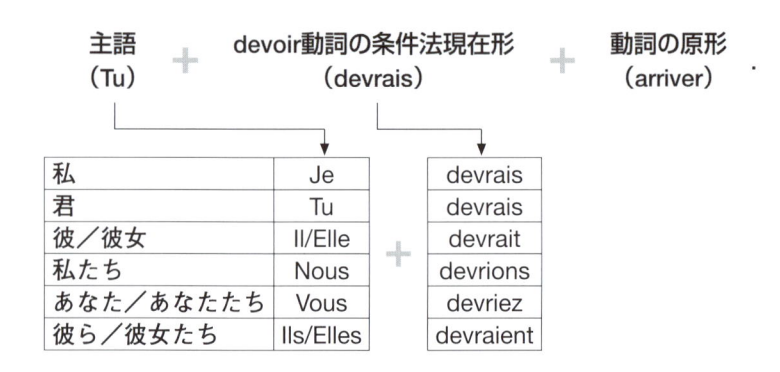

主語 + devoir動詞の条件法現在形 + 動詞の原形
(Tu)　　　　　　(devrais)　　　　　　　(arriver)

主語		devoir条件法現在形
私	Je	devrais
君	Tu	devrais
彼／彼女	Il/Elle	devrait
私たち	Nous	devrions
あなた／あなたたち	Vous	devriez
彼ら／彼女たち	Ils/Elles	devraient

基本パターンで言ってみよう!

Il devrait être là.
イル ドゥヴレ テトル ラ

彼はそこにいるはずだよ。

Tu devrais avoir maigri.
テュ ドゥヴレ アヴォワール メグリ

君は痩せたはずだよ。

Il devrait être très fatigué.
イル ドゥヴレ テトル トレ ファティゲ

彼はとても疲れたはずだ。

Elle devrait obtenir une promotion.
エル ドゥヴレ トブトゥニール ユヌ プロモシォン

彼女は昇進するはずだよ。

Elle devrait aimer ce bouquet.
エル ドゥヴレ エメ ス ブケ

彼女はその花束が好きなはずだよ。

Tout devrait bien se passer.
トゥ ドゥヴレ ビヤン ス パセ

すべてうまくいくはずだよ。

44 〜するはずがない

Tu ne peux pas 〜

基本フレーズ

テュ ヌ プ パ モンティール
Tu ne peux pas mentir.
君がウソをつくはずがない。

こんなときに使おう!
信じている相手に対して…

『 主語 +ne+ pouvoir動詞の現在形 +pas+ 動詞の原形 』は、「 主語 は〜するはずがない」という表現です。

『ne peux pas』には「〜できない」という意味もありますので、文脈からどちらの意味なのかを判断しましょう。

● 基本パターン ●

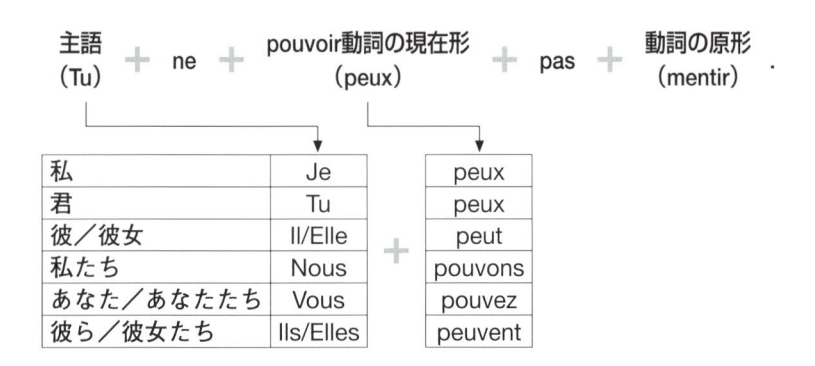

主語 (Tu) ＋ ne ＋ pouvoir動詞の現在形 (peux) ＋ pas ＋ 動詞の原形 (mentir).

主語	
私	Je
君	Tu
彼／彼女	Il/Elle
私たち	Nous
あなた／あなたたち	Vous
彼ら／彼女たち	Ils/Elles

＋

pouvoir
peux
peux
peut
pouvons
pouvez
peuvent

~するはずがない／Tu ne peux pas ~

😊 基本パターンで言ってみよう!

Tu ne peux pas parler comme ça.
君がこんな風に話すはずがない。

Tu ne peux pas me tromper.
君が私を裏切るはずがない。

Tu ne peux pas me comprendre.
私のことわかるはずがないわ。

Tu ne peux pas faire du trente-quatre !
君がサイズ34のはずがないって!

Il ne peut pas sortir avec Alisa.
彼がアリサと付き合うはずがない。

> **ワンポイント**　『sortir』付き合う、デートをする

Mon père ne peut pas croire ça.
僕の父親がそれを信じるはずがない。

Cette viande ne peut pas être de la grenouille.
この肉、カエルのはずがないよ。

45 〜するに違いない

Je suis sûr(e) que 〜

基本フレーズ

Je suis sûr(e) que c'est un rêve.
ジュ スィ シュール ク セ タン レーヴ

それは夢に違いないよ。

こんなときに使おう!
友達の信じられない話を聞いて…

『Je suis sûr(e) que + 主語 + 動詞 』は、「 主語 は〜するに違いない」と、推測する表現です。

確信を持って言える事柄を伝えるときに使います。

● 基本パターン ●

Je suis sûr(e) que ＋ 主語 ＋ 動詞 .

～するに違いない／Je suis sûr(e) que ～

基本パターンで言ってみよう!

Je suis sûr(e) que tu es malade.
君は病気に違いないよ。

Je suis sûr(e) que tu te trompes.
君は間違っているに違いないよ。

Je suis sûr(e) qu'elle est une toute autre personne.
彼女はまったくの別人に違いないよ。

Je suis sûr(e) qu'il était là.
彼はあそこにいたに違いないわ。

Je suis sûr(e) qu'il a menti.
彼はウソをついたに違いない。

Je suis sûr(e) qu'elle reviendra.
彼女はまた戻ってくるに違いないよ。

Je suis sûr(e) que ça te coûtera très cher.
それはとても高くつくに違いないよ。

46 ～してください

～, s'il vous plaît.

基本フレーズ

ヴネ イシ アヴォン ミディ シル ヴ プレ
Venez ici avant midi, s'il vous plaît.
ここにお昼前に来てください。

こんなときに使おう!

待ち合わせ場所と時間を伝えるときに…

『 命令法の～ez形 +, s'il vous plaît.』は、「～してください」という表現です。

相手に必ずしてほしいことを伝えるときに使います。

● 基本パターン ●

命令法の～ez形 ＋ , s'il vous plaît .

~してください／~, s'il vous plaît.

😊 基本パターンで言ってみよう!

Parlez plus lentement, s'il vous plaît.
_{パルレ プリュ ロントゥモン シル ヴ プレ}

もっとゆっくり話してください。

Parlez en anglais, s'il vous plaît.
_{パルレ オン ノングレ シル ヴ プレ}

英語で話してください。

Venez me chercher en voiture, s'il vous plaît.
_{ヴネ ム シェルシェ オン ヴォワチュール シル ヴ プレ}

車で迎えにきてください。

Dépêchez-vous, s'il vous plaît !
_{デペシェ ヴ シル ヴ プレ}

急いでください！

Arrêtez-vous, s'il vous plaît !
_{アレテ ヴ シル ヴ プレ}

止まってください！

Reculez, s'il vous plaît !
_{ロキュレ シル ヴ プレ}

バックしてください！

Ouvrez la porte, s'il vous plaît !
_{ウヴレ ラ ポルト シル ヴ プレ}

ドアを開けてください！

47 〜しないで!

Ne 〜 pas !

基本フレーズ ♪

Ne touche pas !
ヌ トゥシュ パ
触らないで！

こんなときに使おう!
大切にしている物を勝手に触られたときに…

『Ne + 命令法の[tu]の形 + pas !』は、「〜しないで！」という表現です。

相手にしてほしくないこと、やめてほしいことを伝えるときに使います。

もっと丁寧に言いたいときには、最後に『, s'il te plaît』をつけましょう。

● 基本パターン ●

Ne ＋ 命令法の[tu]の形 ＋ pas ！

〜しないで！／Ne 〜 pas !

基本パターンで言ってみよう!

Ne dis pas ça !
ヌ ディ パ サ
それを言わないで！

Ne me parle pas comme ça !
ヌ ム パルル パ コム サ
私にそんな風に話しかけないで！

Ne te moque pas !
ヌ トゥ モク パ
バカにしないで！

Ne marche pas si vite !
ヌ マルシュ パ シ ヴィット
そんなに早く歩かないで！

N'accélère pas autant !
ナクセレール パ オトン
そんなにアクセル踏まないで！

ワンポイント 『autant』そんなに

Ne t'inquiète pas !
ヌ タンキエット パ
心配しないで！

ワンポイント 『s'inquiéter』心配する

Ne sois pas timide !
ヌ ソワ パ ティミドゥ
恥ずかしがらないで！

48 〜してもいい?

Je peux 〜 ?

基本フレーズ

<ジュ プ　オンプロンテ　セッ タパレイユ　フォト>
Je peux emprunter cet appareil photo ?
このカメラを借りてもいい?

こんなときに使おう!
友達の新しいカメラを見て…

『 主語 + pouvoir動詞の現在形 + 動詞の原形 ?』は、「〜してもいい?」「〜しても大丈夫?」と、許可を求める表現です。

『Je peux 〜 ?』と聞かれて、OKのときには『Bien sûr.（もちろん）』や『Oui, s'il vous plaît.（ええ、どうぞ）』などと答えます。またダメなときには、『Non, je suis désolé(e).（申し訳ありませんが、ご遠慮ください）』などと答えます。

『pouvoir』には、「〜できます」と「〜してもいい」の2通りの意味がありますので、会話の前後の文脈で、「〜できますか?」か「〜してもいい?」かを判断しましょう。

● 基本パターン ●

主語　　　　pouvoir動詞の現在形　　　動詞の原形
(Je)　＋　　　　(peux)　　　　＋　　(emprunter)　　?

～してもいい？／Je peux ～ ?

基本パターンで言ってみよう!

Je peux poser une question ?
_{ジュ ブ ポゼ ユヌ ケスチョン}

1つ聞いてもいい？

Je peux vous demander le chemin ?
_{ジュ ブ ヴ ドゥモンデ ル シュマン}

道を聞いてもいいですか？

Je peux fumer ?
_{ジュ ブ フュメ}

タバコを吸ってもいい？

Je peux essayer ce pantalon ?
_{ジュ ブ エッセイエ ス パンタロン}

このパンツを試着してもいいですか？

Je peux copier ces documents ?
_{ジュ ブ コピエ セ ドキュモン}

これらの資料をコピーしてもいい？

Je peux couper cette tarte en six ?
_{ジュ ブ クペ セット タルト オン シス}

このタルトを6つにカットしてもいい？

Je peux goûter cette quiche lorraine ?
_{ジュ ブ グテ セット キッシュ ロレーヌ}

このキッシュ・ロレーヌを味見してもいい？

On peut utiliser le téléphone portable ici ?
_{オン ブ ユティリゼ ル テレフォン ポルタブル イシ}

ここで携帯は使用できますか？

ワンポイント onを使う場合は、「自分が～していいか」というよりも「一般的に誰でも～していいか」を尋ねます。

49 〜してもいいですか？

Puis-je 〜 ?

基本フレーズ

Puis-je rester ici ?
ピュィ ジュ レステ イシ
私、ここにいてもいいですか？

こんなときに使おう！
自分が邪魔でないかどうかを尋ねるときに…

『Puis-je + 動詞の原形 ?』は、「〜してもいいですか？」と、許可を求める表現です。48.よりも丁寧な言い方です。

後ろに『, s'il vous plaît』をつけるとさらに丁寧になります。

『Puis-je 〜 ?』と聞かれて、OKのときには『Bien sûr.（もちろん）』『Certainement.（もちろん）』などと答えます。まだダメなときには、『Non, vous ne pouvez pas.（ご遠慮ください）』『Excusez-moi mais vous ne pouvez pas.（申し訳ありませんが、できません）』などと答えます。

基本パターン

Puis-je ＋ 動詞の原形 ?

〜してもいいですか？／Puis-je 〜？

基本パターンで言ってみよう!

Puis-je l'attendre ici ?
ピュィ ジュ ラトンドル イシ

ここで彼（女）を待ってもいいでしょうか？

Puis-je prendre cette chaise ?
ピュィ ジュ プロンドル セット シェーズ

ここに座ってもいいでしょうか？

> ワンポイント 『prendre cette chaise』この椅子を取る＝座る

Puis-je boire de l'alcool ?
ピュィ ジュ ボワール ドゥ ラルコール

お酒を飲んでも構いませんか？

Puis-je éteindre la lumière ?
ピュィ ジュ エテンドル ラ リュミエール

電気を消してもいいですか？

Puis-je utiliser le téléphone portable ?
ピュィ ジュ ユティリゼ ル テレフォン ポルタブル

携帯を使ってもお邪魔ではないでしょうか？

Puis-je venir avec mes enfants ?
ピュィ ジュ ヴニール アヴェック メ ザンファン

子供たちが一緒でも邪魔ではありませんか？

50 〜してもらえない？

Peux-tu 〜 ?

基本フレーズ

Peux-tu me passer le sel ?
（プ テュ ム パセ ル セル）
お塩を取ってもらえない？

こんなときに使おう！
テーブルの遠くにある塩を取ってもらいたいときに…

『Peux-tu ＋ 動詞の原形 ?』は、「〜してもらえない？」という表現です。

最後に、『, s'il te plaît』をつけると丁寧な言い方になります。

『Peux-tu 〜 ?』と聞かれて、OKのときには『Bien sûr.（もちろん）』『Certainement.（もちろん）』などと答えます。またダメなときには、『Excuse-moi mais je ne peux pas.（すみませんが、できません）』などと答えます。

● 基本パターン ●

Peux-tu ＋ 動詞の原形 ?

～してもらえない？／Peux-tu ～ ?

基本パターンで言ってみよう!

Peux-tu me donner un euro ?
プ テュ ム ドネ アン ニュロ

1ユーロもらえない？

Peux-tu m'expliquer ça ?
プ テュ メクスプリケ サ

それを説明してもらえない？

Peux-tu aller chercher une baguette ?
プ テュ アレ シェルシェ ユヌ バゲット

バゲットを1本買いにいってもらえない？

Peux-tu venir me chercher chez moi tout à l'heure ?
プ テュ ヴニール ム シェルシェ シェ モワ トゥ タ ルール

あとで家まで迎えにきてもらえない？

Peux-tu mélanger le sucre et le beurre ?
プ テュ メロンジェ ル シュクル エ ル ブール

砂糖とバターを混ぜてもらえない？

51 〜が必要です

J'ai besoin de 〜

基本フレーズ

ジェ　ブズワン　ドゥ　ラヴォワチュール　オージュルデュィ
J'ai besoin de la voiture aujourd'hui.
今日は車が必要だ。

こんなときに使おう!
朝、雨が降っているので…

『 主語 + avoir動詞 +besoin de 〜』は、「 主語 は〜が必要だ」という表現です。

〜には名詞がきます。また、「〜をする必要がある」と言いたい場合は 動詞の原形 がきます。

avoir動詞の形は主語によって変わります。

基本パターン

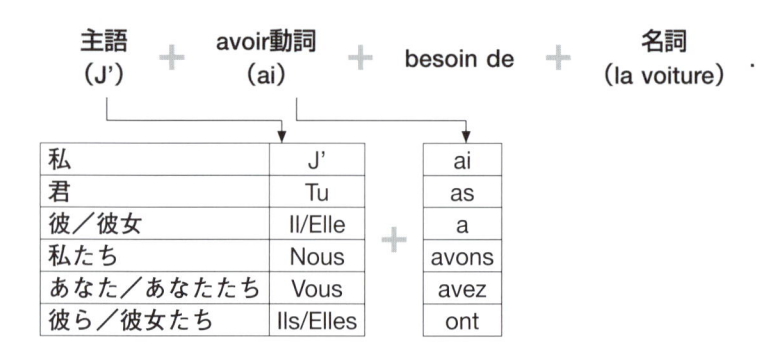

主語(J') + avoir動詞(ai) + besoin de + 名詞(la voiture)

主語	avoir動詞
私	J'	ai
君	Tu	as
彼／彼女	Il/Elle	a
私たち	Nous	avons
あなた／あなたたち	Vous	avez
彼ら／彼女たち	Ils/Elles	ont

〜が必要です／J'ai besoin de 〜

基本パターンで言ってみよう！

J'ai besoin du dictionnaire.
ジェ ブズワン デュ ディクショネール

私は辞書が必要です。

J'ai besoin de temps.
ジェ ブズワン ドゥ トン

時間が必要です。

J'ai besoin d'une aspirine.
ジェ ブズワン デュヌ アスピリン

アスピリンが必要だわ。

J'ai besoin du CD-ROM pour faire une copie.
ジェ ブズワン デュ セデ ロム ブー フェール ユヌ コピ

コピーをするのにCD-ROMが必要です。

J'ai besoin de trois cents grammes de pommes pour faire une tarte.
ジェ ブズワン ドゥ トロワ ソン グラム ドゥ ポム ブー フェール ユヌ タルト

リンゴタルトを作るのに300グラムのリンゴが必要です。

Je n'ai pas besoin de votre aide.
ジュ ネ パ ブズワン ドゥ ヴォトル エドゥ

あなたの手助けは必要ありません。

Vous avez besoin d'un parapluie ?
ヴ ザヴェ ブズワン ダン パラプリュイ

傘が必要ですか？

Est-ce que tu as besoin d'un timbre ?
エ ス ク テュ ア ブズワン ダン タンブル

切手が必要なの？

52 〜が怖いです

J'ai peur de 〜

基本フレーズ

J'ai peur des tremblements de terre.
ジェ プー デ トロンブルモン ドゥ テール
地震が怖いです。

こんなときに使おう!
地震のニュースを見て…

『 主語 + avoir動詞 + peur de 〜 』は、「 主語 は〜が怖いです」という表現です。

〜には名詞がきます。また、「〜するのが怖い」と言いたい場合は 動詞の原形 がきます。

avoir動詞の形は主語によって変わります。

● 基本パターン ●

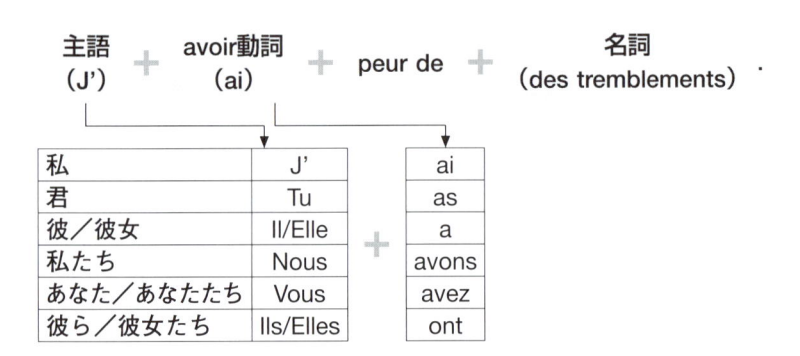

主語 (J') + avoir動詞 (ai) + peur de + 名詞 (des tremblements).

主語		avoir動詞
私	J'	ai
君	Tu	as
彼／彼女	Il/Elle	a
私たち	Nous	avons
あなた／あなたたち	Vous	avez
彼ら／彼女たち	Ils/Elles	ont

〜が怖いです／J'ai peur de 〜

😊 基本パターンで言ってみよう!

J'ai peur du vent violent.
（ジェ プー デュ ヴォン ヴィオロン）

強風が怖いです。

J'ai peur des incendies.
（ジェ プー デ ザンソンディ）

火事が怖いです。

J'ai peur d'avoir une diarrhée terrible.
（ジェ プー ダヴォワール ユヌ ディアレ テリーブル）

ひどい下痢が怖いです。

J'ai peur du résultat de l'examen.
（ジェ プー デュ レジュルタ ドゥ レグザマン）

試験の結果が怖いです。

J'ai peur du noir.
（ジェ プー デュ ノワール）

暗いのが怖いです。

J'ai peur de toi.
（ジェ プー ドゥ トワ）

君が怖いよ。

J'ai peur des fantômes.
（ジェ プー デ ファントム）

お化けが怖いです。

53 どんな〜?

Quel type de 〜 ?

基本フレーズ

ケル ティップ ドゥ フロマージュ プレフェレ ヴ
Quel type de fromage préférez-vous ?
どんな種類のチーズがお好みですか？

こんなときに使おう!
メニューを見ながら…

『Quel type de + 名詞 〜 ?』は、「どんな〜？」と尋ねる表現です。

〜には疑問文（vous préférez/préférez-vous/est-ce que vous préférez など）がきます。

種類やジャンルを尋ねるときによく使います。

基本パターン

Quel type de ＋ 名詞 ＋ 疑問文 ?

どんな〜？／Quel type de 〜？

基本パターンで言ってみよう!

Quel type de travail faites-vous ?
ケル ティップ ドゥ トラヴァイユ フェットゥ ヴ
どんな種類の仕事をしているのですか？

Quel type de cuisine aimez-vous ?
ケル ティップ ドゥ キュイジヌ エメ ヴ
どんな種類の料理がお好きですか？

Quel type de revue lisez-vous ?
ケル ティップ ドゥ ルヴュ リゼ ヴ
どんな種類の雑誌を読みますか？

Quel type de musique écoutez-vous ?
ケル ティップ ドゥ ミュジック エクテ ヴ
どんなジャンルの音楽を聴きますか？

Quel type de jeux vidéo as-tu ?
ケル ティップ ドゥ ジュ ヴィデオ ア テュ
どんなジャンルのゲームソフトを持っているの？

Quel type de voiture préfères-tu ?
ケル ティップ ドゥ ヴォワチュール プレフェル テュ
どんなタイプの車が好み？

Quel type de cadeau achetez-vous ?
ケル ティップ ドゥ カドー アシュテ ヴ
どんな種類のプレゼントを買いますか？

Quel type de fleur est-ce qu'elle aime ?
ケル ティップ ドゥ フルール エ ス ケ レーム
どんな種類の花が彼女は好きなのかな？

Ⅱ 使える！頻出パターン51

54 よく〜するの?

〜 souvent ?

基本フレーズ

Tu sors souvent ?
テュ ソール スヴォン
よく出かけるの?

【こんなときに使おう!】
「このところ外出ばかりだ」と言う相手に…

『〜 souvent ?』は、「よく〜するの?」「どのくらいの頻度で〜するの?」と、頻度を尋ねる表現です。

〜には疑問文（tu sors/sors-tu/est-ce que tu sorsなど）がきます。

● 基本パターン ●

疑問文 ＋ souvent ?

基本パターンで言ってみよう!

Tu cuisines souvent ?
テュ キュイジヌ スヴォン
よく料理するの?

よく～するの？／～ souvent ?

Tu voyages souvent à l'étranger ?
<small>テュ ヴォワヤージュ スヴォン ア レトロンジェー</small>

よく外国に旅行するの？

Tu bois souvent avec tes collègues ?
<small>テュ ボワ スヴォン アヴェック テ コレーグ</small>

よく同僚と一緒に飲むの？

Tu fais souvent des heures supplémentaires ?
<small>テュ フェ スヴォン デ ズール シュプレモンテール</small>

よく残業するの？

Tu fais souvent du sport ?
<small>テュ フェ スヴォン デュ スポー</small>

よくスポーツするの？

Tu lis souvent tes méls ?
<small>テュ リ スヴォン テ メル</small>

よくメールをチェックするの？

❗ これも知っておこう！ ──頻度を表す単語・表現

une fois	一度
deux fois	二度
trois fois	三度
une fois par semaine	週に一度
deux fois par mois	月に二度
chaque jour	毎日
chaque semaine	毎週
toujours	いつも
souvent	よく
quelquefois	時々
ne ～ jamais	一度も～ない

55 〜そうだね

Ça semble 〜

基本フレーズ

Ça semble intéressant.
サ ソンブル アンテレソン
おもしろそうだね。

こんなときに使おう!
相手が読んでいる本の話を聞いて…

『Ça semble + 形容詞 』は、「〜そうだね」という表現です。
自分で判断して感じたことを言うときに使います。

基本パターン

Ça semble ＋ 形容詞 .

~そうだね／Ça semble ~

基本パターンで言ってみよう!

Ça semble difficile.
サ ソンブル ディフィシル

難しそうだね。

Ça semble ennuyeux.
サ ソンブル オンニュィユー

つまらなそうだね。

Ça semble cher.
サ ソンブル シェール

高そうだね。

Ça semble délicieux.
サ ソンブル デリシュ

おいしそうだね。

Ça semble lourd.
サ ソンブル ルー

重そうだね。

Ça semble dangereux.
サ ソンブル ドンジュルー

危なそうだね。

56 〜によるよ

Ça dépend de 〜

基本フレーズ

Ça dépend du temps.
（サ デポン デュ トン）
それは天気によるよ。

こんなときに使おう！
BBQをやるかどうかと聞かれて…

『Ça dépend de ＋ 名詞 』は、「〜による」という表現で、それが物事や人に左右されるときに使います。

『de ＋ 冠詞』の場合、『de ＋ le』は『du』に変わり、『de ＋ les』は『des』に変わりますので、気をつけましょう！

基本パターン

Ça dépend de ＋ 名詞 ．

~によるよ／Ça dépend de ~

基本パターンで言ってみよう!

Ça dépend de toi.
サ デポン ドゥ トワ

それは君次第だよ。

Ça dépend de l'heure.
サ デポン ドゥ ルール

それは時間次第だよ。

Ça dépend du résultat de l'examen.
サ デポン デュ レジュルタ ドゥ レグザマン

それはテストの結果次第だよ。

Ça dépend de votre avis.
サ デポン ドゥ ヴォトル アヴィ

それはあなたの意見次第です。

Ça dépend de votre état de santé.
サ デポン ドゥ ヴォトル エタ ドゥ ソンテ

それはあなたの体調次第です。

Ça dépend de votre motivation.
サ デポン ドゥ ヴォトル モティヴァシオン

それはあなたのやる気次第です。

Ça dépend de l'état de ta voiture.
サ デポン ドゥ レタ ドゥ タ ヴォワチュール

それは君の車の状態によるよ。

57 ～ってこと?

Tu veux dire que ～ ?

基本フレーズ

Tu veux dire que c'est de ma faute ?
（テュ ヴ ディール ク セ ドゥ マ フォトゥ）
私のせいだってこと？

こんなときに使おう!
自分を非難する相手に対して…

『Tu veux dire que ～ ?』は、相手が言ったことを確認する表現です。～には、主語 + 動詞 の文章がきます。

『Tu veux dire que ～ ?』と聞かれたら、『Oui.（そうです）』や『Non, je ne veux pas dire ça.（いいえ、そういうことではありません）』などと答えます。

基本パターン

Tu veux dire que ＋ 主語 ＋ 動詞 ?

〜ってこと？／Tu veux dire que 〜 ?

基本パターンで言ってみよう!

Tu veux dire que c'était formidable ?
素晴らしかったってこと？

Tu veux dire que ce film était ennuyeux ?
この映画がつまらなかったってこと？

Tu veux dire que je suis maladroit(e) ?
私が不器用だと言いたいのかしら？

Tu veux dire que tu l'aimes ?
彼女を愛しているとでも言いたいの？

Tu veux dire que ce sont des histoires ?
それはデタラメな話だってこと？

Tu veux dire qu'il n'est pas gentil ?
彼が優しくないってこと？

Tu veux dire que je suis encore grosse ?
私がまだおデブだと言いたいの？

Tu veux dire que c'est fini avec lui ?
彼と別れたってこと？

58 〜だよね?

〜, n'est-ce pas ?

基本フレーズ

Nous sommes cinq, n'est-ce pas ?
ヌ　ソム　サンク　ネ　ス　パ

私たちは5人だよね？

こんなときに使おう!
人数を確認しながら…

『〜, n'est-ce pas ?』は、「〜だよね？」と自分の感じていることや思っていることに対して、相手の同意を求める表現です。〜には 主語 + 動詞 の文章がきます。

『〜, n'est-ce pas ?』と言われて、「そうだね」と言うときは『Oui, c'est ça.』、「そんなことないよ」と言うときは『Non, ce n'est pas ça.』と言います。

基本パターン

主語 ＋ 動詞 ＋ , n'est-ce pas ?

〜だよね？／〜, n'est-ce pas ?

基本パターンで言ってみよう!

On est mardi, n'est-ce pas ?
今日は火曜日だよね？

Vous êtes violoniste, n'est-ce pas ?
あなたはバイオリニストですよね？

Vous n'êtes pas malade, n'est-ce pas ?
病気ではないですよね？

Ce n'est pas notre professeur, n'est-ce pas ?
私たちの先生ではないよね？

Tu as de l'argent, n'est-ce pas ?
お金持っているよね？

Tu aimes les macarons, n'est-ce pas ?
マカロンは好きだよね？

Tu m'aimes, n'est-ce pas ?
私のこと好きよね？

Vous allez au marché, n'est-ce pas ?
マルシェへ行かれるのですよね？

59 〜はどんな感じ？

Comment est 〜 ?

基本フレーズ

コモン　エ　セッ タルティストゥ
Comment est cet artiste ?
そのアーティストはどんな感じ？

こんなときに使おう!
気になるアーティストについてもっと知りたくて…

『Comment est + 名詞 ?』は、「〜はどんな感じ？」という表現です。人や物の外見や様子を聞くときに使います。

● 基本パターン ●

Comment est ＋ 名詞 ?

~はどんな感じ？／Comment est ~ ?

基本パターンで言ってみよう!

Comment est ta petite sœur ?
コモン　エ　タ　プティトゥ　スール
君の妹さんはどんな感じの子なの？

Comment est le nouveau prof ?
コモン　エ　ル　ヌヴォー　プロフ
新しい先生はどんな感じ？

Comment est ton petit ami ?
コモン　エ　トン　プティ　タミ
君の彼氏ってどんな感じの人なの？

Comment est cette société ?
コモン　エ　セット　ソシエテ
その会社はどんな感じなの？

Comment est le nouveau modèle de Peugeot ?
コモン　エ　ル　ヌヴォー　モデル　ドゥ　プジョー
プジョーの新型車ってどんな感じですか？

Comment est cette bière alsacienne ?
コモン　エ　セット　ビェール　アルザシエンヌ
このアルザス産ビールはどんな感じですか？

60 ～頑張って!

Bon courage pour ～ !

基本フレーズ

ボン　クラージュ　プー　ル　テスト
Bon courage pour le test !
テスト、頑張ってね！

こんなときに使おう!
テストを控えている友達に向けて…

『Bon courage pour ＋ 名詞 !』は、「～頑張って！」という表現です。
『Bon courage !』は、「幸運を祈ります」という意味ですが、日本語の「頑張って！」にぴったりです。

● 基本パターン ●

Bon courage pour ＋ 名詞 !

~頑張って！／Bon courage pour ～！

基本パターンで言ってみよう!

Bon courage pour l'examen de passage !
ボン　クラージュ　プー　レグザマン　ドゥ　パッサージュ

進級試験、頑張ってね！

Bon courage pour le baccalauréat !
ボン　クラージュ　プー　ル　バカロレア

バカロレア、頑張ってね！

ワンポイント 『le baccalauréat』バカロレア（フランスの高校卒業試験）

Bon courage pour l'oral !
ボン　クラージュ　プー　ロラル

口頭試験、頑張ってね！

Bon courage pour le futsuken !
ボン　クラージュ　プー　ル　フツケン

仏検、頑張ってね！

Bon courage pour le concert de piano !
ボン　クラージュ　プー　ル　コンセール　ドゥ　ピアノ

ピアノコンサート、頑張ってね！

Bon courage pour votre travail !
ボン　クラージュ　プー　ヴォトル　トラヴァイユ

お仕事、頑張ってくださいね！

61 〜おめでとう!

Félicitations pour 〜 !

基本フレーズ

フェリシタシオン　ブー　トン　マリヤージュ
Félicitations pour ton mariage !
結婚おめでとう！

こんなときに使おう!
結婚が決まった友人に…

『Félicitations pour + 名詞 !』は、「〜おめでとう！」という表現です。

『Félicitations！（おめでとう！）』だけでも使えます。

最後の『s』を忘れないようにしましょう。

●基本パターン●

Félicitations pour ＋ 名詞 ！

～おめでとう！／Félicitations pour ～！

😊 基本パターンで言ってみよう!

<ruby>Félicitations</ruby>[フェリシタシオン] <ruby>pour</ruby>[ブー] **ton succès !**[トン シュクセ]

成功おめでとう！

Félicitations pour ta promotion ![フェリシタシオン ブー タ プロモシオン]

昇進おめでとう！

Félicitations pour tes fiançailles ![フェリシタシオン ブー テ フィオンサィユ]

婚約おめでとう！

Félicitations pour ton bébé ![フェリシタシオン ブー トン ベベ]

赤ちゃんおめでとう！

⚠ これも知っておこう！ ——その他のお祝いの言葉

Toutes mes félicitations !	おめでとう！
Soyez heureux(-se) pour toujours !	末永くお幸せに！
Bon anniversaire !	お誕生日おめでとう！
Joyeux anniversaire !	お誕生日おめでとう！
Bonne année !	新年おめでとう！
Joyeux Noël !	メリークリスマス！

62 念のために

Au cas où ～

基本フレーズ

オ カ ウ ジュ スレ ゾン ルタール
Au cas où je serais en retard,
テレフォヌ モワ
téléphone-moi !
私が遅刻したら、電話してね！

こんなときに使おう！
朝早い時間に待ち合わせて出かける予定の友達に…

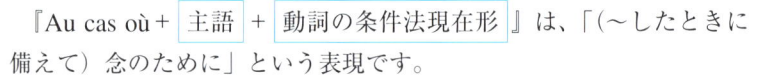

『Au cas où + 主語 + 動詞の条件法現在形 』は、「(～したときに備えて) 念のために」という表現です。

『Au cas où.』だけでも使えます。

基本パターン

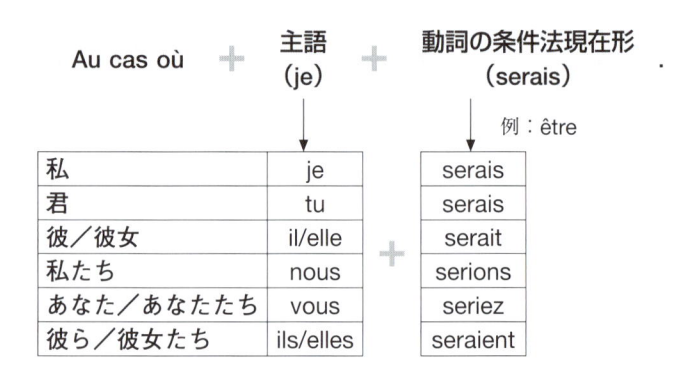

Au cas où + 主語(je) + 動詞の条件法現在形(serais)

例：être

主語		動詞
私	je	serais
君	tu	serais
彼／彼女	il/elle	serait
私たち	nous	serions
あなた／あなたたち	vous	seriez
彼ら／彼女たち	ils/elles	seraient

念のために／Au cas où ～

基本パターンで言ってみよう!

オ カ ウ ジュ スレ ゾン ルタール パール ル プルミエ
Au cas où je serais en retard, pars le premier !

私が遅れた場合には、ともかく先に行ってね！

ワンポイント 『le premier』ともかく先に、真っ先に

オ カ ウ ジュブリレ ラ クレ レス ウヴェール
Au cas où j'oublierais la clé, laisse ouvert.

私が鍵を忘れたときのために、ドアを開けておいて。

オ カ ウ テュ トゥ ソンティレ マル アポルトゥ トン メディカモン
Au cas où tu te sentirais mal, apporte ton médicament.

気分が悪くなったときのために、薬を持っていきなよ。

オ カ ウ モン シャ ソルティレ レス ウヴェール
Au cas où mon chat sortirait, laisse ouvert.

猫が外に出ちゃったときのために、ドアを開けておいてね。

オ カ ウ テュ レユッシレ ジュ トゥ プレパール アン カドー
Au cas où tu réussirais, je te prépare un cadeau.

君が成功したときのために、お祝いを考えておくわ。

63 何時に〜？

À quelle heure 〜 ?

基本フレーズ

<ruby>À<rt>ア</rt></ruby> <ruby>quelle<rt>ケ</rt></ruby> <ruby>heure<rt>ルール</rt></ruby> <ruby>tu<rt>テュ</rt></ruby> <ruby>finis<rt>フィニ</rt></ruby> <ruby>ton<rt>トン</rt></ruby> <ruby>travail<rt>トラヴァイュ</rt></ruby> ?
À quelle heure tu finis ton travail ?
仕事は何時に終わるの？

こんなときに使おう!
仕事帰りに会う予定の友達に…

『À quelle heure 〜 ?』は、「何時に〜？」という表現です。〜には疑問文（tu finis/finis-tu/est-ce que tu finisなど）がきます。

『À quelle heure 〜 ?』と聞かれたら、『À une heure.（1時に）』などと答えます。

● 基本パターン ●

À quelle heure ＋ 疑問文 ?

何時に〜？／À quelle heure 〜 ?

基本パターンで言ってみよう!

À quelle heure vous vous réveillez le matin?
朝は何時に起床しますか？

À quelle heure tu dors ?
何時に寝るの？

À quelle heure vous ouvrez ?
何時に開店しますか？

À quelle heure est-ce que vous déjeunez ?
何時にランチにしますか？

À quelle heure ton avion arrive à l'aéroport de Narita ?
君の飛行機は何時に成田空港に到着するの？

⚠️ これも知っておこう！

【時刻の表し方】

9:00
neuf heures

9:05
neuf heures cinq

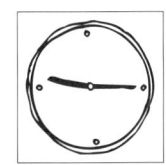

9:15
neuf heures quinze/
neuf heures et quart

9:30
neuf heures trente/
neuf heures et demie

9:45
neuf heures quarante-cinq/
dix heures moins le quart

9:50
neuf heures cinquante/
dix heures moins dix

【いろいろな時刻の表現のしかた】

9時です。
Il est neuf heures.

午前9時です。
Il est neuf heures du matin.

9時ちょうどです。
Il est neuf heures pile.

もうすぐ9時です。
Il est presque neuf heures.

9時ちょっと前です。
Il va être neuf heures.

正午です。
Il est midi.

午前0時です。
Il est minuit.

64 〜するようにしているよ

J'essaie de 〜

基本フレーズ

J'essaie de dormir tôt.
ジェッセ ドゥ ドルミール ト
早く寝るようにしているよ。

こんなときに使おう!
健康管理で気をつけていることを聞かれて…

『J'essaie de + 動詞の原形 』は、「〜するようにしている」「〜しようとしている」という表現です。心がけていることなどを話すときに使います。

また、「〜しないようにしている」の場合は『J'essaie de ne pas + 動詞の原形 』と言います。

基本パターン

J'essaie de ＋ 動詞の原形 .

~するようにしているよ／J'essaie de ~

基本パターンで言ってみよう!

J'essaie de faire du sport cinq jours par semaine.
週に5日は運動をするようにしています。

J'essaie de prendre le bus de sept heures.
7時のバスに乗るようにしています。

J'essaie de conduire lentement.
ゆっくり運転するようにしています。

J'essaie de ne pas manger beaucoup le soir.
夜はたくさん食べないようにしています。

J'essaie de ne pas m'enrhumer.
風邪をひかないようにしています。

ワンポイント 『s'enrhumer』風邪をひく

J'essaie de ne pas passer par cette petite rue.
その小さな道は通らないようにしています。

65 〜しようと思っているよ

Je pense 〜

基本フレーズ

ジュ ポンス アレ オン フロンス
Je pense aller en France.
フランスに行こうと思っているの。

こんなときに使おう!
夏休みの計画を話すときに…

『Je pense＋ 動詞の原形 』は、「〜しようと思っている」という表現です。

今しようと思っていることや考えていることを話すときに使います。

● 基本パターン ●

Je pense ＋ 動詞の原形 ．

~しようと思っているよ／Je pense ~

基本パターンで言ってみよう!

ジュ ポンス アシュテ アン ヌヴォー ヴェロ
Je pense acheter un nouveau vélo.

新しい自転車を買おうと思っているの。

ジュ ポンス ヴォワヤジェ ス ウィーケンド
Je pense voyager ce week-end.

今週末、旅行に行こうと思っているの。

ジュ ポンス ションジェ ドゥ トラヴァイユ
Je pense changer de travail.

転職しようと思っているの。

ジュ ポンス ム マリエ
Je pense me marier.

結婚しようと思っているの。

ジュ ポンス ロントレ オン タクシ
Je pense rentrer en taxi.

タクシーで帰ろうと思っているの。

ジュ ポンス ソルティール ス ソワール
Je pense sortir ce soir.

今夜、出かけようと思っているの。

66 〜するのを楽しみにしているよ

Il me tarde de 〜

基本フレーズ

イル ム タルド ドゥ ヴィジテ
Il me tarde de visiter
ル モン サン ミシェル
le Mont-Saint-Michel.
モンサンミシェルを訪れるのを楽しみにしているよ。

こんなときに使おう！
旅行の予定について話しながら…

『Il me tarde de ＋ 動詞の原形 』は、「〜するのを楽しみにしている」という表現です。

今自分が楽しみにしていること、待ち遠しく思っていることを相手に伝えるときに使います。

● 基本パターン ●

Il me tarde de ＋ 動詞の原形 ．

~するのを楽しみにしているよ／Il me tarde de ~

基本パターンで言ってみよう!

イル ム タルド ドゥ ヴ ルヴォワール ラ スメヌ プロシェンヌ
Il me tarde de vous revoir la semaine prochaine.

あなたに来週また会うのを楽しみにしています。

イル ム タルド ドゥ ヴォワヤジェ オン テュルキー ル モワ プロシャン
Il me tarde de voyager en Turquie le mois prochain.

来月トルコへ旅行に行くのを楽しみにしているよ。

イル ム タルド ドゥ ボワール デュ ボジョレ ヌヴォー
Il me tarde de boire du beaujolais nouveau.

ボージョレヌーヴォーを飲むのを楽しみにしているよ。

イル ム タルド ドゥ モンジェ レ スペシャリテ ドゥ ヴォトル ペイ
Il me tarde de manger les spécialités de votre pays.

あなたのところの特産物・名物を食べるのを楽しみにしています。

イル ム タルド ドゥ プロンドル デ フォト ア カンヌ
Il me tarde de prendre des photos à Cannes.

カンヌで写真を撮るのを楽しみにしているよ。

イル ム タルド ドゥ トゥルヴェ ケルク ショーズ ドゥ ヌヴォー
Il me tarde de trouver quelque chose de nouveau.

何か新しいものを見つけるのを楽しみにしているよ。

イル ム タルド ドゥ ヴィジテ ヴォトル ヌヴェル メゾン
Il me tarde de visiter votre nouvelle maison.

あなたの新築のお家に伺うのを楽しみにしています。

イル ム タルド ダシュテ デ スヴニール ドゥ パリ
Il me tarde d'acheter des souvenirs de Paris.

パリのお土産を買うのを楽しみにしているよ。

67 ～で困っているの

J'ai des problèmes avec ～

基本フレーズ

ジェ　デ　プロブレム　アヴェック
J'ai des problèmes avec
レ　クリエ　アンデジラブル
les courriers indésirables.
迷惑メールで困っているの。

こんなときに使おう!
毎日送られてくる迷惑メールにうんざりして…

『 主語 + avoir動詞 + des problèmes avec ～ 』は、「～で困っている」という表現です。何かに困っているときに使います。

～には名詞がきます。また、avoir動詞の形は主語によって変わります。

基本パターン

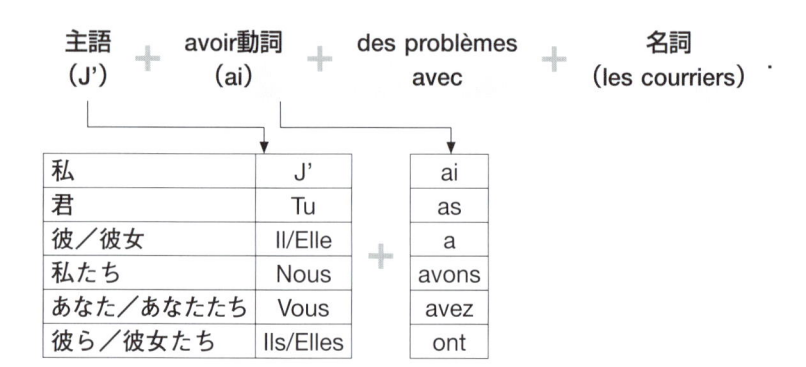

主語(J') + avoir動詞(ai) + des problèmes avec + 名詞(les courriers)

主語	avoir動詞
私	J'
君	Tu
彼／彼女	Il/Elle
私たち	Nous
あなた／あなたたち	Vous
彼ら／彼女たち	Ils/Elles

ai
as
a
avons
avez
ont

〜で困っているの／J'ai des problèmes avec 〜

基本パターンで言ってみよう!

J'ai des problèmes avec mes devoirs de maths.
数学の宿題で困っているの。

J'ai des problèmes avec ma voiture.
車のことで困っているの。

J'ai des problèmes avec la conduite d'eau.
配水管のことで困っているの。

J'ai des problèmes avec mon ordinateur.
コンピュータのことで困っているの。

Il a des problèmes avec ses dettes.
彼は借金のことで困っています。

Elle a toujours des problèmes avec quelque chose.
彼女はいつも何かしら困っています。

Il n'a jamais de problème.
彼は悩みがない。

ワンポイント 『ne 〜 jamais』で「決して〜ない」の意味。困っていることが決してないということ。

Est-ce que vous avez des problèmes ?
何か困っていることはありますか？

68 〜が痛い

J'ai mal à 〜

基本フレーズ 🎵

ジェ マ ラ ラ テットゥ
J'ai mal à la tête.
頭が痛い。

こんなときに使おう!
「大丈夫？」と聞かれて…

『J'ai mal à 〜』は、「私は〜が痛い」という表現です。
怪我したとき、具合が悪くなったときなどに使います。
〜には（身体の部位を示す）名詞がきます。
『à＋冠詞』の場合、『à＋le』は『au』に変わり、『à＋les』は『aux』に変わりますので、気をつけましょう！

● 基本パターン ●

J'ai mal à ＋ 名詞 ．

〜が痛い／J'ai mal à 〜

基本パターンで言ってみよう!

J'ai mal au bras.
ジェ マ ロ ブラ
腕が痛い。

J'ai mal au ventre.
ジェ マ ロ ヴォントル
お腹が痛い。

J'ai mal à la jambe droite.
ジェ マ ラ ラ ジョンブ ドロワットゥ
右足が痛い。

J'ai mal à la gorge.
ジェ マ ラ ラ ゴルジュ
喉が痛い。

J'ai mal aux dents.
ジェ マ ロ ドン
歯が痛い。

J'ai mal aux yeux.
ジェ マ ロ ジュー
目が痛い。

これも知っておこう! ——体の部分の名称

la tête	頭
le bras	腕
la main	手
le ventre	お腹
l'estomac	胃
la jambe	足

69 〜だから

parce que 〜

基本フレーズ

ジュ ロントル シェ モワ パス キ レ タール
Je rentre chez moi parce qu'il est tard.
遅いから、帰ります。

こんなときに使おう！
家に帰らなくてはいけない理由を述べるときに…

『 文章A （結果）+ parce que + 文章B （理由）』は、「Bだから、Aです」と、理由を表す表現です。

● 基本パターン ●

文章A ＋ parce que ＋ 文章B ．

~だから／parce que ~

基本パターンで言ってみよう!

Je vais me coucher parce qu'il est déjà minuit.
もう真夜中だから、私は寝ます。

Je ne participerai pas parce que je suis malade.
風邪をひいているから、私は参加しません。

Je ne mange pas parce que je suis au régime.
ダイエット中だから、私は食べません。

> ワンポイント 『être au régime』ダイエット中である

Je n'ai pas de feu parce que je ne fume pas.
タバコは吸わないので、火（ライター）は持っていません。

> ワンポイント フランスでは、「火、持ってる？」と声をかけてくる人が多いです。

Je n'ai pas le temps de parler parce que je suis pressé(e).
急いでいるので、しゃべっている時間はありません。

> ワンポイント 『être pressé(e)』急いでいる

Je ne l'aime pas parce qu'il est méchant.
彼は意地悪だから、嫌いよ。

Aujourd'hui, je ne sors pas parce qu'il fait trop froid.
寒すぎるから、今日は出かけないよ。

70 〜のとき

Quand 〜

基本フレーズ ♪

Quand je suis sorti(e), il faisait froid.
カン ジュ スィ ソルティ イル フゼ フロワ
家を出たときは、寒かったよ。

こんなときに使おう!
「今日は暑いね」という相手に…

『Quand＋主語＋動詞, …』は、「主語が〜するとき、…」という表現です。
「主語が〜するとき、…」という場合には、『Quand＋主語＋動詞, …』でも『… quand＋主語＋動詞』でもどちらでもOKです。
例えば、Quand je suis sorti(e), il faisait froid. は、Il faisait froid quand je suis sorti(e). とも言えます。

● 基本パターン ●

Quand ＋ 主語 ＋ 動詞 , 文章 .

~のとき／Quand ~

😊 基本パターンで言ってみよう！

Quand j'étais petit(e), il n'y avait pas de télévisions couleur.
子供のころ、カラーテレビはなかったの。

Quand il est rentré, elle était déjà partie.
彼が帰ったとき、彼女はすでに出かけていました。

Quand tu la verras, envoie-lui le bonjour.
彼女に会ったら、よろしくと伝えて。

Quand tu sortiras, n'oublie pas d'acheter le pain.
出かけたら、パンを買うのを忘れないで。

Quand tu m'appelleras, je viendrai le plus vite possible.
君が僕を呼んだら、できるだけ早く行くよ。

ワンポイント 『le plus vite possible』 できるだけ早く

Quand je saurai bien cuisiner, tu viendras manger chez moi.
僕が料理をうまく作れたら、うちに食べにおいで。

71 もし〜だったらなぁ

Si 〜

基本フレーズ 🎵

シ　ジャヴェ　プリュス　ダルジャン
Si j'avais plus d'argent...
もしもっとお金があったらなぁ…。

こんなときに使おう！
ショーウィンドウの中のドレスを見ながら…

『Si + 主語 + 動詞の半過去形 ...』は、「もし 主語 が〜だったらなぁ…」という表現です。
現実になってほしいこと、希望を言いたいときに使います。

基本パターン

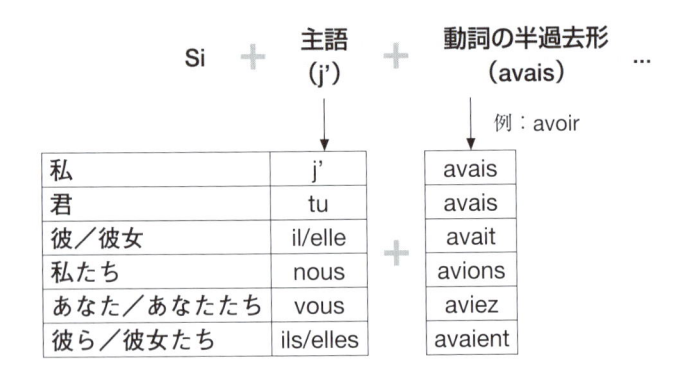

Si ＋ 主語 (j') ＋ 動詞の半過去形 (avais) ...

例：avoir

私	j'	avais
君	tu	avais
彼／彼女	il/elle	avait
私たち	nous	avions
あなた／あなたたち	vous	aviez
彼ら／彼女たち	ils/elles	avaient

210

もし～だったらなぁ／Si ～

基本パターンで言ってみよう!

Si j'étais encore jeune...
もしまだ若かったらなぁ…。

Si j'étais encore étudiant(e)...
もしまだ学生だったらなぁ…。

Si j'étais plus mince...
もしもっと痩せていたらなぁ…。

Si j'étais plus grand(e)...
もしもっと背が高かったらなぁ…。

Si j'avais du temps libre...
もし暇な時間があったらなぁ…。

Si tu étais ici...
もし君がここにいてくれたらなぁ…。

S'il était célibataire...
もし彼が独身だったらなぁ…。

S'il faisait beau...
もし晴れていたらなぁ…。

Si Catherine était plus intelligente...
もしキャトリーヌがもっと賢かったらなぁ…。

72 …の方が〜だ

être動詞 ＋plus＋ 形容詞 ＋que …

基本フレーズ♪

エリック エ プリュ ザジェ ク モワ
Eric est plus âgé que moi.
エリックは私よりも年上です。

こんなときに使おう！
友人を紹介しながら…

『 名詞A ＋ être動詞 ＋plus/aussi/moins＋ 形容詞 ＋que＋ 名詞B 』は、「AはBより〜だ」という比較を表す表現です。

「より〜だ」の場合はplus、「同じぐらい〜だ」の場合はaussi、「より〜でない」の場合はmoinsを使います。

基本パターン

名詞A ＋ être動詞 ＋ plus / aussi / moins ＋ 形容詞 ＋ que ＋ 名詞B .

基本パターンで言ってみよう！

ス ヴァン エ モワン フォー ク スリュイ ラ
Ce vin est moins fort que celui-là.
このワインはあれよりも弱いね。

…の方が〜だ／être動詞＋plus＋形容詞＋que …

Erica est plus élégante que **moi**.
_{エリカ エ プリュ ゼレゴントゥ ク モワ}
エリカは私より上品です。

Cette cravate est plus chic que **celle-là**.
_{セット クラヴァットゥ エ プリュ シック ク セル ラ}
このネクタイはあれよりもシックだね。

Je suis aussi sérieux que **toi**.
_{ジュ スィ オッシ セリユー ク トワ}
僕は君と同じくらいマジメだよ。

Taro est aussi sage que **Jiro**.
_{タロー エ トッシ サージュ ク ジロー}
タローはジローと同じくらい、おとなしいです。

Je suis plus ivre que **toi**.
_{ジュ スィ プリュ ジーヴル ク トワ}
僕は君よりも酔っているよ。

これも知っておこう!

「一般動詞」の比較の形は、「形容詞」の比較の形に近いです。ただし、『aussi』は『autant』に変わります。

『 名前A ＋ 一般動詞 ＋plus/autant/moins＋que＋ 名前B 』は、「AはBより〜します」という比較を表す表現です。

Nous travaillons **autant** que vous.
（私たちはあなたたちと同じぐらい働くよ）

Il boit **moins** que toi.
（彼は君よりも飲まないよ）

■著者略歴■

小林　知子
　　　　（Tomoko KOBAYASHI）
高校時代をフランス・パリで過ごす。明治学院大学文学部フランス文学科卒業。卒業後、ドキュメント制作・ISO コンサルティング企業に勤務。翻訳ビジネスに従事し、英語・フランス語を中心とした翻訳チェックを担当。現在は外資系メーカー企業にて業務担当として勤務中。
著書に『ビジネスですぐに使える E メール表現集』（ベレ出版）、『CD BOOK　フラ語を話そう！』（明日香出版社）。

エリック・フィオー (Eric FIOR)
フランス生まれ。ボルドーⅢ大学の日本文化、日本語学科卒業。FLE（外国での仏語教授資格）取得。横浜在住。エリック外語学院校長。
著書に『CD BOOK　フランス語会話フレーズブック』（明日香出版社）。

本書の内容に関するお問い合わせ
明日香出版社　編集部
☎(03) 5395-7651

CD BOOK　たったの72パターンでこんなに話せるフランス語会話

2010年 8 月14日　初版発行 2017年 5 月15日　第15刷発行	著　者	小　林　知　子
		エリック・フィオー
	発行者	石　野　栄　一

〒112-0005　東京都文京区水道2-11-5
電話(03) 5395-7650(代　表)
(03) 5395-7654(F A X)
郵便振替00150-6-183481
http://www.asuka-g.co.jp

明日香出版社

■スタッフ■　編集　小林勝／久松圭祐／古川創一／藤田知子／田中裕也／大久保遥／
　　　　　　　　　生内志穂　営業　渡辺久夫／浜田充弘／奥本達哉／平戸基之／野口優／
　　　　　　　　　横尾一樹／関山美保子／藤本さやか　財務　早川朋子

印刷　株式会社研文社
製本　根本製本株式会社
ISBN978-4-7569-1403-3　C2085

乱丁本・落丁本はお取り替えいたします。
ⒸKobayashi & Fior 2010 Printed in Japan

éric gaigogakuin

フランス語　英語

大人レッスン　**キッズレッスン**　**研修旅行・留学**

☆ 在校生のほとんどの皆さんは
　 開校以来のおつきあいです。

☆ 当校は月謝制の
　 フランス語と英語の学校です。

☆ 経験豊かなネイティブ講師による
　 楽しいレッスン

エリック外語学院
〒235-0004　横浜市磯子区下町4-30
Tel/Fax : 045-370-8655
URL : http://www.fior.biz
Mail : info@fior.biz

フランス語会話フレーズブック

フランス好きの著者と、日本在住のフランス人がまとめた、本当に使えるフランス語会話フレーズ集！ 基本的な日常会話フレーズだけでなく、読んでいるだけでためになるフランス情報ガイド的な要素も盛り込みました。CD 3枚付き！（日本語→フランス語収録）

井上 大輔
エリック・フィオー
井上 真理子

本体価格2800円+税
B6変型＜416＞
978-4-7569-1153-7
08/01 発行

イタリア語会話フレーズブック

日常生活で役立つイタリア語の会話フレーズを 2900 収録。状況別・場面別に、よく使う会話表現を掲載。海外赴任・留学・旅行・出張で役立つ表現も掲載。あらゆるシーンに対応できる、会話表現集の決定版！

ビアンカ・ユキ
ジョルジョ・ゴリエリ

本体価格2800円+税
B6変型＜360＞
978-4-7569-1050-9
07/03 発行

スペイン語会話フレーズブック

日常生活で役立つスペイン語の会話フレーズを 2900 収録。状況別に、よく使う会話表現を掲載。スペイン語は南米の国々でも使われています。海外赴任・留学・旅行・出張で役立つ表現も掲載。あらゆるシーンに対応できる会話表現集の決定版！

林 昌子

本体価格2900円+税
B6変型＜408＞
4-7569-0980-9
06/05 発行

ドイツ語会話フレーズブック

日常生活で役立つドイツ語の会話フレーズを 2900 収録。状況別に、よく使う会話表現を掲載。海外赴任・留学・旅行・出張で役立つ表現も掲載。カードに添える言葉、若者言葉なども紹介しています。

岩井 千佳子
アンゲリカ・フォーゲル

本体価格2900円+税
B6変型＜400＞
4-7569-0955-8
06/02 発行

ロシア語会話フレーズブック

日常生活で役立つロシア語の会話フレーズを 2900 収録。状況別・場面別に、よく使う会話表現を掲載。海外赴任・留学・旅行・出張で役立つ表現も掲載。手紙の書き方なども紹介しています。

岩切 良信

本体価格3000円+税
B6変型＜352＞
4-7569-0905-1
05/08 発行

ポルトガル語会話フレーズブック

日常生活で役立つ会話フレーズを約 2900 収録。状況別に、よく使う会話表現を掲載。海外赴任・留学・旅行・出張で役立つ表現も掲載。本書では、ブラジルのポルトガル語とヨーロッパのポルトガル語の両方の表現を掲載しています。

カレイラ松崎順子
フレデリコ・カレイラ

本体価格2900円+税
B6変型＜336＞
4-7569-1032-7
06/12 発行

韓国語会話フレーズブック

日常生活で役立つ韓国語の会話フレーズを 2900 収録。状況別・場面別に、よく使う会話表現を掲載。近年、韓国を訪れる日本人が増えています。海外赴任・留学・旅行・出張で役立つ表現も掲載。あらゆるシーンに対応できる、会話表現集の決定版！

李 明姫

本体価格2800円+税
B6変型＜464＞
4-7569-0887-X
05/06 発行

CD BOOK 短期集中講座！ TOEIC®TESTリスニング

監修：植田一三　著者：柴山かつの

新TOEICになって、リスニングが難しいと感じた人が多いようです。本書では、リスニングパートをパターン別に問題分析。TOEICの出題傾向に沿った練習問題と模擬試験で、確実にスコアアップ！　CDには、本番のTOEICと同じく、アメリカ・カナダ・イギリス・オーストラリア人の英語を収録しています。

本体価格2200円＋税　'06/04発行
A5並製　328ページ　ISBN4-7569-0979-5

短期集中講座！ TOEIC®TEST英文法

柴山かつの

新TOEICの文法問題は、Part 5はこれまでと同じ問題形式ですが、Part 6は全く新しい形式になりました。本書では、新しいPart 6もきちんと解説するのはもちろん、最近とみに出題頻度が高くなっている「語彙問題」用の問題も充実させました。これで確実に短期間でのスコアアップは間違いなし！

本体価格1800円＋税　'06/12発行
A5並製　288ページ　ISBN4-7569-1040-8

CD BOOK 新・直前に解く！ TOEIC®TEST模擬試験集

浅見ベートーベン

はじめて受ける人やTOEICに慣れていない人がぶっつけ本番で解くのと、直前に模擬問題を解いて「スピードと問題量」に慣れておくのとでは、スコアが100〜150点違います。新しくなったパート3，6，7にもしっかり対応できる攻略法。

本体価格1900円＋税　'07/05発行
A5並製　440ページ　ISBN978-4-7569-1085-1

外資系でやっていける英語が身につく

監修：石井隆之　著者：柴山かつの
経験豊富なビジネス通訳によるビジネス英語書。ビジネスシーンの即戦力になる英語力が身につきます。自己紹介や接待、会社説明、クレーム、プレゼン等、すぐに使える会話表現や語彙、さらに文化の違いまで学べます。

本体価格2000円＋税　'03/9発行
A5並製　272ページ　ISBN4-7569-0672-9

外資系の英語ビジネスミーティング

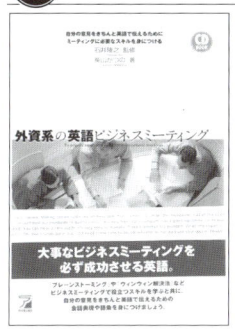

監修：石井隆之　著者：柴山かつの
多国籍の人が集まる会話（ビジネスミーティング）において、自分の意見を英語できちんと言える英語力を身につけるための本。すぐ使える語彙や表現がいっぱいです。日本と外国との文化・発想の違いについても学びましょう。

本体価格2000円＋税　'04/08発行
A5並製　288ページ　ISBN4-7569-0786-5

外資系の英語プレゼンテーション

著者：浅見ベートーベン
英語でのプレゼンテーションというと、緊張してしまうもの。でも、ルールに基づいた資料作成、せりふの練習、決まり文句、それにQ&A対策をきちんとしておけば、ネイティブの前でのプレゼンにも自信を持って臨めます。

本体価格2200円＋税　'05/10発行
A5並製　208ページ　ISBN4-7569-0921-3

CD BOOK 英会話ダイアローグブック

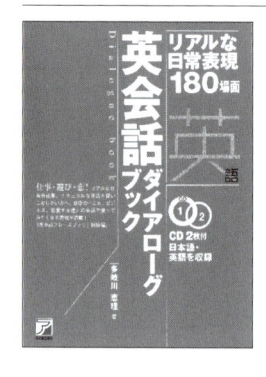

多岐川恵理

本体価格 2400円+税
B6 変型　384 ページ
ISBN978-4-7569-1336-4
2009/10 発行

リアルな日常表現 180 場面！
『フレーズブック』の次におすすめしたい本

＜リアルな日常会話集！＞

仕事・遊び・恋！　日常のひとこま、ビジネス、恋愛や友達との会話で使ってみたくなる表現が満載。「恋愛」「電話」「酒の席」「パソコン」など、日常会話のさまざまな場面を設定し、そのテーマで必ずおさえておきたい表現を盛り込んだダイアローグを豊富にそろえました。超・リアルな会話を通して、ナマの英語表現が今すぐ身につきます。

＜聴くだけで楽しい！＞

CD 2枚に、英語と日本語の両方のダイアローグを収録。
読むだけで・聴くだけで楽しい、英会話集の決定版！

＜こんな方にオススメです＞

・『英会話フレーズブック』を気に入ってくださった方
・ナチュラルな英語を使いこなしたい方
・文法をコツコツ勉強するより、とにかく会話を楽しみたい方

CD BOOK たったの72パターンで こんなに話せる英会話

味園 真紀:著

本体価格1400円+税
B6変型 216ページ
ISBN4-7569-0832-2
2005/01発行

全国で大好評発売中!
英語ぎらいな人も、
英語が好きな人も、
必ず英語が話せるようになる!

<決まった「パターン」を使い回せば、誰でも必ず話せる!>
英会話では、フレーズを丸暗記するのではなく、英語でよく使われる「パターン」を身につけることが、1日も早く英語が話せるようになる近道です。

<これでもうフレーズ丸暗記の必要ナシ!>
「~じゃない?」「~頑張って!」「よく~するの?」「~してもらえない?」「~はどんな感じ?」「~だよね?」などなど、ふだん使う表現が英語でも必ず言えるようになります。

<こんな方にオススメです>
・英語を始めたばかりの方、やり直し始めたばかりの方
・暗記が苦手な方
・英文法をコツコツ勉強するより、とにかく会話を楽しみたい方

CD BOOK 72パターンに＋α(プラスアルファ)で何でも話せる英会話

味園　真紀：著

本体価格1400円＋税
B6変型　216ページ
ISBN4-7569-0931-0
2005/11発行

『たったの72パターンで
こんなに話せる英会話』
の次は、この本にチャレンジ！
英語ぎらいなあなたでも
だいじょうぶ。

＜決まった「パターン」を使い回せば、誰でも必ず話せる！＞
英会話でよく使われる「72パターン」に加えて、さらにプラスアルファで覚えておきたい「38パターン」をご紹介。

＜4コママンガで英語の使い方がよくわかる！＞
4コママンガで、「72パターン」「＋α38パターン」の使い方を確認！　これでもう、電話でも旅行先でもあわてません♪

＜こんな方にオススメです＞
・『たったの72パターンでこんなに話せる英会話』を読み終えて、もう1冊英会話の本に挑戦してみたい！　という方
・英語を始めたばかりの方、やり直し始めたばかりの方
・英文法をコツコツ勉強するより、とにかく会話を楽しみたい方

**CD BOOK たったの68パターンで
こんなに話せるビジネス英会話**

味園　真紀：著

本体価格1600円＋税
B6変型　208ページ
ISBN4-7569-1021-1
2006/10発行

**ビジネス英語だって、
『68パターン』を使い回して
ここまで話せる！
いちから勉強する時間がない…
という方にもオススメです。**

＜決まった「パターン」を使い回せば、誰でも必ず話せる！＞
英会話では、フレーズを丸暗記するのではなく、英語でよく使われる「パターン」を身につけることが、１日も早く英語が話せるようになる近道です。

＜これでもうフレーズ丸暗記の必要ナシ！＞
「あいにく〜」「〜してもよろしいですか？」「〜して申し訳ございません」「当社は〜です」「〜していただけますか？」「〜はいかがですか？」などなど、ビジネスでの必須表現が、英語でも言えるようになります。

＜こんな方にオススメです＞
・ビジネスですぐに使える英語を身につけたい人
・英語を始めたばかりの方、やり直し始めたばかりの方
・暗記が苦手な方

CD BOOK たったの72パターンで こんなに話せるイタリア語会話

ビアンカ・ユキ／ジョルジョ・ゴリエリ：著

本体価格1800円＋税
B6変型　224ページ
ISBN4-7569-1397-5
2010/07 発行

**英語の次は、
イタリア語にチャレンジ！
『72パターン』を使い回して
ここまで話せる！**

＜決まった「パターン」を使い回せば、誰でも必ず話せる！＞

イタリア語会話では、フレーズを丸暗記するのではなく、会話でよく使われる「パターン」を身につけることが、１日も早くイタリア語が話せるようになる近道です。

＜これでもうフレーズ丸暗記の必要ナシ！＞

「〜じゃない？」「〜がんばってね！」「よく〜するの？」「〜してもらえない？」「〜はどんな感じ？」「〜だよね？」などなど、ふだん使う表現がイタリア語でも必ず言えるようになります。

＜こんな方にオススメです＞

・イタリア語を始めたばかりの方、やり直し始めたばかりの方
・暗記が苦手な方
・文法をコツコツ勉強するより、とにかく会話を楽しみたい方